给我一个班，
我就心满意足了

[修订版]

薛瑞萍 —————— 著

中国人民大学出版社
·北京·

目录
CONTENTS

|修订版序| 秋天的树 / 001

|序| 献给自己的小花 / 003

辑一 教育，对成长的迷恋

1. 不说爱 / 002
2. 一个学生的分量 / 007
3. 借读生赵亮 / 010
4. 杯水车薪 / 014
5. 走出险境 / 019
6. 我只能把话讲到 / 023
7. "鹰"归来 / 026
8. 如歌的行板 / 028
9. 也是原则 / 032
10. 东风第一枝 / 035
11. 砸碎牌坊——为教师节而作 / 038
12. 孩子，你该这样看"公道" / 042
13. 一记耳光 / 045
14. 不改少年狂 / 048
15. 方念念的故事 / 051
16. 不虚此生 / 060

辑二　语文，美丽的生命之旅

1. 整体书空好　／066
2. 挤干作业的水分　／068
3. "老师的玩笑开大了"　／073
4. 可以复制的幸福　／077
5. 给我一个班，我就心满意足了　／082
6. 要怎么掘，便怎么掘　／087
7. 投我的影子在你们的卷上
   ——毕业班上的告别讲演　／091
8. 温柔的扼杀　／097
9. 比技术更重要的　／106
10. 我喜欢　／118
11. 我们从另一个世界来
    ——我和小安　／124
12. 两地书："你我是一样的人"
    ——致《教师之友》编辑的一封信　／128
13. 两地书：低眉信手续续弹
    ——写给青年同行的心里话　／135
14. 两地书：语文不光是课
    ——给网友"笑语嫣然"的回信　／145
15. 毕竟东流去
    ——十七年教师生涯回顾　／156

辑三　书籍，一片丰沃的原野

1. 老天真的大实话
　　——《论语》札记之一　　/ 168

2. 《论语》、孔子及我
　　——《论语》札记之二　　/ 171

3. 说孝
　　——《论语》札记之三　　/ 174

4. 喜欢颜回什么
　　——《论语》札记之四　　/ 176

5. 俯仰无愧谢安石
　　——《世说新语》札记之一　　/ 181

6. 老人国里的好孩子
　　——《世说新语》札记之二　　/ 183

7. 游云惊龙王羲之
　　——《世说新语》札记之三　　/ 187

8. 永远的野草　　/ 190

9. 不敢说师承　　/ 194

10. 涅槃是有的
　　——我和《沙与沫》　　/ 197

11. 关于一本书的对话　　/ 203

12. 狄金森啊狄金森　　/ 209

13. 不能不说《我与地坛》　　/ 217

| 修订版序 |

秋天的树

倏忽12年过去。这本小书居然可以再版。

初版序题为"献给自己的小花"。"花朵"的意象说明：尽管疲累、忧愤，然而那时的看云——多么年轻。

倏忽12年过去。很多身外之事发生了变化，然而有些东西没有变。那就是对阅读、思考的执着，对孩子成长的关注。于是有了2004—2010年的《薛瑞萍班级日志》（6卷），2010—2016年的《薛瑞萍母语课堂》（6卷）。这是12年来两届孩子的成长记录，也是为孩子服务的"这个人"的心灵日记。

教师职业辛苦而卑微。真实的荣光和成就，只能来自孩子和自己的成长体验。真实的教师必须是带班的。周复一周，月复一月，年复一年；如果幸运的话呢，可以像我这样届复一届、一个又一个六年来回地带。

守着一个班。

犹如农夫守着一片地，树木守着一方土。

12年过去，很多事情发生了变化。

每天的开始不再是球场散步，而是听歌。蓝天罕见，可以自由呼吸的空气远去。

教育似乎不再缺钱，然而有钱的害处似乎更大。靡费资金的"校园文化"往往带来此起彼伏的喧嚣、无孔不入的感官污染，干扰正常教学，劳损教师身心。

有增无减的压力，琐碎无聊的折腾，一点一滴侵蚀着教师的平静心、阅读力及教研热忱。

越是这个时候，越要告诫自己：对于无能为力的蠢事，要有意识地做到视而不见、充耳不闻，全力以赴投身真实且有意义的事情。这不光是为了学生，也是为了自己。因为你心心念念、全神贯注的东西——就是你的本质、你的全部。

安住内心，让虚假、喧嚣的外在成为你真实、强大的背景。这是我的信念。

信念这东西不是说有就有的。必须是因了灵魂深处一点不变不渝的东西——慢慢长出来。

从入职那天起，始终不变的是什么？

《毕竟东流去——十七年教师生涯回顾》等篇也许可作说明。再版增加的文字，也都写在 2005 年之前。而这一本"心满意足"呢，大约可算是"看云前传"。

和我一起带着平行班的周小娇老师说："疲惫且郁闷的晚上，看看《两地书》，就能安然入睡。"这对我是莫大的鼓励！

中度污染的今晨，我听的是张雨生的《我是一棵秋天的树》。就用歌词结束吧。

我是一棵秋天的树
时时仰望天等待春风吹拂
但是季节不曾为我赶路
我很有耐心不与命运追逐

我是一棵秋天的树
安安静静守着小小疆土
眼前的繁华我从不羡慕
因为最美的在心不在远处

2017 年 1 月 12 日

| 序 |

献给自己的小花

少部分文字是我在上班时间敲出来的,更多的写在周末和夜晚。

现在,正是周末的黄昏,耳边流淌着《平沙落雁》——化顽石为柔水的好乐,于宁静中,为我送来至为珍贵的澄清明净。

很累很烦。待坐到电脑的跟前,头常是微胀的。工作是艰辛——往往也是孤独的。可是,于飞尘的间隙也有清风,于喧嚷的中间也有乐声,于荆棘的丛中也有野芳。我是特意捕捉了清风、乐声和野芳,录在这里,用于鼓励自己,就算是不定期地给自己献一朵小花吧——真诚美丽的文字,正是心灵开出的花朵。也有沉重和迷惘。但我的文字,往往略掉了疲惫、沮丧和困苦——无涉乎诚实、全面与否,这是我的选择——有意地,我将目光投在了值得的地方。

否则你怎么办?

物欲汹涌,市声扰攘。

"理想主义"啊,"我有一个梦"啊,如是说、如是想的我们,越来越成为人群中的怪物了——如果"唯物"的他们相信我们是真诚的。

可是,这丝毫不能阻碍我们继续做着我们的好梦——面对现实,我们的力量有多么单薄和弱小,我们的精神就有多么固执和强大。

我不知道那些花草真叫什么名字,人们叫他们什么名字。我记得有一种开过极细小的粉红花,现在还开着,但是更极细小了,她在冷的夜气中,瑟缩地做梦,梦见春的到来,梦见秋的到来,梦见瘦的诗人将眼泪擦在她最末的花瓣上,告诉她秋虽然来,冬虽然来,而此后接着还是春,胡蝶乱飞,蜜蜂都唱起春词来了。她于是一笑,虽然颜色冻得红惨惨地,仍然瑟缩着。(鲁迅《野草·秋夜》)

这是先生的文字，铮铮铁骨啊，寸寸柔肠啊——从前我读到的是怜惜，如今读到的是刚强！

因为——"秋虽然来，冬虽然来，而此后接着还是春，胡蝶乱飞，蜜蜂都唱起春词来了。"

我喜欢念"风起于青萍之末"，喜欢讲"蝴蝶的翼动引发远方的风暴"。案牍劳形，百忧损心，我的眼睛常常倦涩，我的心情常常忧愤，然而，还是喜欢越过沉重和暗淡，将无限温存、无限希冀的目光投送到遥远的地方——都说他们是"祖国的花朵"——那里本该是春光明媚的所在。

"人类需要梦想家，"居里夫人说，"望着这些蚕执着地、勤奋地工作着，我感到我和它们非常相似。"

从这种意义上，我愿意当自己是蚕——春蚕。因为我越来越感到，确实有一种无法抗拒的、近乎神圣的力量在鞭策我。这种力量，暂且称它为——我的教育理想。

这理想便是阳光。有它，便有了花朵的色彩与芬芳。

辑 一

教育，对成长的迷恋

1. 不说爱

钟南山不说爱。

当被问及何以能够"奋不顾身地投入战斗"时，他说："没什么，职责所在嘛。自己就是干这个的，你不上谁上？我相信，假如下次出现传染性心肌炎之类的疾病，他们搞心脏研究的也一样会冲上去。至于说到勇敢，更谈不上。该做的防护都做了，安全是有保障的。我也相信自己的抵抗力——肯定没事儿。"

大概是嫌其表述过于平淡，主持人继续挖掘："就仅仅是责任感，再没有其他动力了吗？"

认真想了想，钟南山肯定地答道："有！那就是兴趣。我就是觉得好奇呀。我特别想知道这种突如其来的疾病，到底是怎么一回事。它究竟是怎么发生、怎么传染的？对于我们搞医学研究的人来说，这是一个挑战，也是一次机遇。要说动力，这就是我的动力。"

中央电视台这一期的《新闻调查》，我连看了两遍，深深折服于钟院士的率直——对不避肉麻、喜好作秀的某些宣传来说，这番不冒热气的大实话，不啻一味解毒剂。

我想，这就是做科研和做宣传不同的地方。因为科学家知道，科学是冷峻坚硬的，不相信眼泪，不理睬权势。一切所谓念咒、发功、呼吁、控诉之类都是白费劲，科学只认实验证明、治疗效果。不彻底抛弃虚假，不彻底怀抱真诚，并在此基础上付出辛劳，研究将一事无成。严谨治学的人，说话处世也多是坦诚、质朴的。从居里夫人到袁隆平，这样的例子不胜枚举。

所以，从这一点来说，科学——确实是世界上最为纯洁、刚正、美丽的事业。

护士不说爱。

"不是爱，也不全是敬业。真要请假回家也行，只是看到比你老的比你小的，从院长到医生到护士大家都上了，逃避的念头自然也就消失了。是不好意思，也是别无选择——我相信大多数人都是这样的。"

我想，也许这就是经历过生死考验的人和躲在安全地带唱高调的人不同的地方：面对已经牺牲的战友，她们耻于拔高自己。

中央电视台这一期的《东方时空》，片尾是一首歌。歌声起处，主诗人王志泪流满面，屏幕前的我也泣不成声。

你也和我们一样是血肉之躯，
并不比谁多一些免疫力。
当我终于可以享受春天的和煦，
你却日日夜夜呼吸着致命的空气。

你也和我们一样是父母儿女，
并不比谁少一些七情六欲。
当我终于幸福地合家团聚，
你却远离亲人分分秒秒伴着恐惧。

苏格拉底不说爱。

他说自己就像一只牛虻，叮住了希腊皮薄的地方狠狠地咬——只有这样，这个国家才有可能保持活力。

穿着宽大的衣袍，苏格拉底徘徊于广场，逢人就请教："正义是什么？""善良是什么？""最好的国家是什么？""你这句话的意思是什么？""你这个词的意思是什么？"就这样，苏格拉底穷追猛打、不依不饶，向每一个开口说话的人要"定义"，逼迫人们在发言之前对自己的用词加以限制和说明——这真是吃饱了撑的呀！

有趣的是，这种刨根究底、不惮其烦的癖好也有人追随。到了亚里士多德那儿，这种习惯被发扬光大，竟然结出了人类思想史上最甜蜜、美艳的果实：形式逻辑。两千多年过去了，现在全世界中学生使用的逻辑教材和当初亚里士多德弄出来的基本一样——这是关于思维和思维方法的学问，整个西方派系众多、庞大严密的哲学体系就是建立在这一基石之上。

苏格拉底的学生，那些"被教唆坏了"的年轻人，无比兴奋地看到将军、贵族、执政官被老师问得哑口无言。更多的情况是，因为被追问，对方一路找下去，最终求得"不一样的答案"，如获至宝，满意而去——"做真理的接生婆"，这是苏格拉底最喜欢干的。他从来不直接教导别人，一切都是被问者"自己找到的"。在苏格拉底看来，被问的人是孕妇，而所要寻求的答案就是尚未出世，但已经存在于孕妇腹中的胎儿。

最终，这个"游手好闲"的家伙激起了民愤，以"教唆犯"的罪名被判死刑。一生好辩的苏格拉底，被阿波罗神庙祭司宣称为"全希腊最具智慧"的苏格拉底，拒绝逃亡，拒绝辩护，心平气和地服从判决，在弟子的陪伴下饮鸩而亡。他认为，法律一旦制定下来，不管合理与否，公民都必须遵守。

"克里同，我还欠阿斯克勒庇斯一只公鸡，你能记得替我还清这笔债吗？"

苏格拉底，这个愚忠的"白痴"，这个死心眼的家伙，这只吃力不讨好的牛虻，这块又臭又硬的石头，为了他的国家，真真是"砍头只当风吹帽"了。

可是，一直到死——他都不说"爱"。

我不说爱。

从前不说，是因为它已泛滥，廉价甚于泡沫。出于自尊，我羞于随喜。以后我将更慎于言——至少不说"爱学生",因为我原本情绪化的拒绝已经被西方哲学启蒙为理性的表达。

如果我说"啊,我爱我的学生",潜伏于灵魂深处的苏格拉底一定会跳出来揪住我,像揪住雅典广场上的路人一样:"你说的爱是什么意思?"

我可不能被他给问倒了,否则,等于承认自己是疯子、白痴啊。"爱,就是希望一个人好,并且愿意为他做好一切能做的。"其实,这是车尔尼雪夫斯基说的,我甚喜欢,就顺手牵羊、据为己有啦——反正他没法知道。

"那么,我再问你,"这个丑八怪好讨厌啊!"如果你努力了,而且干得挺好,却没有奖励,没有尊敬,甚至连工资保障都没有,你还做不做?"

"现在的先进,多是评出来的,要实力,更要人缘。我做人太硬,关系这一块必输无疑。吃不到葡萄,当然就该说葡萄是酸的——所以,我不需要奖励。至于尊敬嘛,那可是一样好东西,我从不缺少,也不发愁。因为家长也好,学生也好,出于良知和自身利益,不可能颠倒黑白,闭着眼睛说瞎话的。工资没保障……那我吃什么?坚决走人,卖水果去!"

"可是你教得好,学生需要你呀。"

"那也不能白干。"

"还有一个问题,请考虑了再回答:在这个世界上,有没有一个人,可以让你真正不计回报地付出,直至牺牲一切?"

"有,只一个。那就是我的孩子。啊,大师,我知道我真正爱的是谁了。我也明白先前的错了,我不该将尽职和爱混为一谈的——我的爱是不是太少了?"

"不,这种纯粹的爱是人类情感的钻石,唯其稀少,所以可贵。将它给予你该给予的人吧,至于其他方面,能够做到尽职就很不错了。其实，即便是为人父母，堪称尽职的又有多少呢？比方我吧，就很惭愧。所以活该被太太泼洗脚水。"

"可是大师啊，现在我发现，我连尽职都谈不上呢。我之所以努力，是因为除了教书，别的什么也不会。这一行再干不好，我就只有喝西北风了，而且我是那么贪婪地想得到尊敬。所以，我的敬业，骨子里透着自私呢。"

"这有什么不好呢？想通了这一点，你将拥有宁静，你将更加愉快地投入工作。德尔菲的阿波罗神庙石碑上刻着什么？"

"人啊，认识你自己。"

"对，'认识你自己'，这是世界上最难的事。即使在一小点上看清了自己，也会给你带来平衡和愉悦。所以，努力去做吧，因为——你是在为自己。"

2. 一个学生的分量

"报告!"

"进来。"

"老师，张源（化名）带电子宠物来玩。被我们发现了，要他交，他不肯，在那儿打滚放赖，猪一样地嚎!"

"什么话？不许这样说同学!"放下书，我直奔教室。

下楼一拐弯就看见，四年级教室门口热闹非凡——本班的、外班的；劝解的、起哄的、指天划地大发议论的，闹嚷嚷围成一窝。人窝的中心传来张源变了调的嘶喊："放开!——就不干!——又不是我一个!——你们欺负我一个……"——别说，还真的很像"猪嚎"。

待我拨开人群，大家已基本安静。张源呜咽着从地上爬起，泪水、汗水、土灰——大肉脸生生抹成一幅热腾腾的泼墨图。原本合力与之撕扯的两个人停止动作，不甘心地盯着张源的双手——它们紧紧攥住，按在胸口，恨不能将握着的宝贝藏到身体里去。

"玩你们的。张源跟我来。"

到了楼上，他已将东西放进口袋。我递过一条毛巾："你把脸洗净擦干，同时把情绪定一定，把话理一理，觉得可以讲得清楚明白了，再来跟我谈。离上课还有十来分钟——抓紧时间。"

两分钟后。"老师，准备好了。"

"班会上老师说过不许带电子宠物吗？"

"说过。"

"为什么明知故犯？"

"老师，自从您说过以后，我这是第一次带。而且，我是看见别人先带，然后才带的。前天就有人带来玩了，可是他们单单揭发我，要把我的交给老师，我不服！"说着，他一只手下意识地捂住裤袋。

"现在的孩子，点点大就会拉帮结派，发生这样的事还真不奇怪。"孙老师愤愤不平，她正带着我们班的思品课，喜欢傻乎乎的"张大炮"。这一回，她要帮我，也帮张源逮一个"现"的。

"你确定别人带了吗？"

"确定。都藏书包里了，刚才还在玩呢。"

"太气人了！这很好办，你现在就带着薛老师去搜，搜到了，通通没收！你敢去吗？"

"敢！"

我笑了，用目光止住朋友的义愤，再次转向张源。

"我早就注意到，你在班上人缘很差。无论和谁斗，大家总爱对你群起而攻之，到了老师跟前，总是你吃亏的时候多。我就不明白了：就算你张源调皮，也不至于回回都是你不对啊。"

"老师……"张源委屈透了，"今天就是这样。我气不过，要翻他们的书包，他们就一齐上来拦住我，围住我。"

"我也觉得他们有齐了心整你的意思。这当然不对，我以后要专门说这事。可是你也该从自身找找原因，对吗？"

"嗯……"他不无痛苦地列举道，"我学习不好，纪律差，又喜欢撩人、报告人，大家都不喜欢我。"

"前天为什么不报告呢？"

"因为我自己也想带来玩。"

"大家都是独生子女，同学友谊对于每一个人来说都很重要，可你却总是处在孤独之中，包围着你的都是敌意。如果换作我，早就痛苦坏了——你伤心吗？"

他哭了："伤心……很伤心……我恨他们，也恨我自己。"

"张源，你听仔细了。现在我们有两条路可以走。第一，你揭发同学，让老师把他们的宠物一起收了。这样做很公平，很解恨，也有利于端正班级风气。但是，这样一来，你以后的日子就更难过了。因为要逮过错，一双眼睛无论如何也斗不过很多双眼睛啊。第二，你服这一回输，吃这一回亏，他们书包里的'罪证'老师就当不知道，过两天我再突击查。你的玩具呢，先由我保存几日，周末还你。而且你要记住，从今以后，别人的事情，什么上课讲话啦，作业不交啦，做眼保健操不认真啦，你都别来报告——有老师和班干部呢，你只要留心管好自己就行啦。对你来说，最重要的是结束被孤立的状态，改善同学关系。你想好了，到底怎样做，老师听你的。"

过了片刻，他咬牙道："我选第二条。"语罢，他汗津津的肉手递上脏兮兮的玩具。

"叽——"屏幕上的鸡崽子尖声尖气地叫了起来。张源缩回手，在几个按钮上揿了几下："鸡窝脏了，需要清理粪便——老师，我把它关了。星期五我来取。"

目送张源离去，我意犹未尽："无论如何，学生不能成为管理的工具。保护他，教给他做人处世之道，这更是我们教师的职责……"

3. 借读生赵亮

必须承认,对借读生,我一向怀有偏见。在我看来——那些家长,那些农贸市场的"生意精",多是难缠好斗的奸猾之辈。就因为多赚了几个钱,他们便自以为气粗,大模大样,将"他们孩子"插进"我们班级"。由于缺乏良好的家庭教育,也由于原来学校疏于管理,借读生中不乏脏话满口、坏水满腹的"二流子"。别看他们年纪小,撒起谎来,脸不变色心不跳;做了坏事,除非你逮个正着,否则,非但不承认,还会招来许多麻烦。和他们相比,"天真烂漫"的,往往是我们那些缺乏经验的教师。

补缺补差、追缴作业、调节纠纷,甚至"破案"……"敞开校门"的直接后果是教师——尤其是班主任焦头烂额、叫苦不迭,成天绷着一根弦。但大家都知道,学校既然已经被推向社会,这是绕不过去的生存之道。为了一份微薄的工资,我们也只好小心谨慎,硬着头皮"迎接挑战"。

谢天谢地。本学期我们班转来的四位新生都还不错,只有赵亮(化名)不大老实,上课话挺多。于是,我将他列为重点盯防对象——"下马威"外加"追穷寇",一通狠治。小孩子嘛,学坏容易学好难,防微杜渐——我可不敢任由这种习气在"我们孩子"中间扩散开来——几周之后,赵亮的表现好了很多。我对他的态度也开始变得和蔼。

星期一下午,值日组长报告:"赵亮不好好打扫,还捣乱,说脏话。"

"情况属实吗?"

"属实。"

"你们回家去,叫他立刻来。"

一会儿工夫，爱笑的男孩来了。

"知道为什么找你吗？"

"知道。"

"清楚这里的班规吗？"

"清楚：犯了错误，接受处罚；拒不承认，加倍受罚。"

"冤不冤枉？"

"不冤枉。"

"那好，你一个人打扫去。我在办公室等着，你的任务完成了，叫我去检查。"

估计这样的惩罚以前没有受过，男孩的眼圈红了，低着头回教室去了——君子不重则不威，自始至终，我音容冷峻，不露一丝笑意。

大约半个小时过去了，他没来。我一直等到下班，他也没有来。"难道是溜了？"

上到三楼，但见包干区走廊扫得干干净净；隔着窗户，瞧见教室地面桌椅十分整洁。看样子，这孩子是怕羞，所以没敢找我——这已经很不错了！

"昨天，赵亮做值日，开始表现不好，之后勇于认错，一个人认真完成了余下的任务。这说明，赵亮同学已经顺利度过适应期，真正融入了我们这个集体——我们向他表示祝贺。"

掌声响起来。"皮挺厚"的男孩腼腆地笑了，我也笑了。心境因他脸上的那抹红云而开朗得意——面对"自己孩子"，我是一个很爱笑的人，然而对赵亮而言，这是他第一次看见我因为他而笑得如此灿烂。赵亮不知道，从那一刻起，我才将他归入"自己孩子"之列。

星期三，周记本交上来了。

老师，其实你不知道，剩下的事情并不是我一个人做的。前天下午，当我回教室的时候，她们收拾了书包刚要走，看见我眼睛红红的样子和还没有扫完的一大片地,就又留了下来,和我一起有说有笑地打扫了。这是我没有想到的,我很开心,也很感动。

弄好以后,她们要我请你来检查,还让我不要告诉你,是她们帮着打扫的。以前我没有遇到过这种情况,我不知道怎么办才好,所以就回家了。

今天,你表扬了我,我就更不好意思了。现在我把真实情况告诉你。我还要告诉你的是:"我很喜欢现在的这个班级,很喜欢新老师和新同学,你们对我真好。"

这样的文字,比较跟了我六年的"自己孩子"所写的,显然不够漂亮,但它却强烈地冲击了我。看看赵亮,对比"自己孩子",我为自己的"刚硬"深感惭愧。

可惜,因为没有基础,英语课完全听不懂,只借读了一个月,赵亮就转回去了。他是星期四走的,周记还没有来得及讲评,我也没有来得及在班上向他、向全体同学表达自己的心情。

办手续的时候,孩子父亲也来了。菜贩子满脸疲倦,浑身拘谨,我说话的时候,他的眼睛盯着地面,一言不发。于是,我请他们出去谈——做父亲的笑了,出门的时候,我明显感到了他的轻松。

秋天的上午,天高气爽,走廊上,柔和的阳光明净地照着。我拿着那个周记本,跟赵亮谈话——我希望他将已经开始的转变继续下去;我希望他将这里的同学之爱珍藏心底,作为今后前进的动力。我没有料到自己会说这么多,心中隐约有一种说不出的遗憾和留恋。我后悔在过去的一个月中,作为班主任,我对他笑得太少,对他如此温和地说话太少。他父亲在一边专注地听,连附和都不会,满脸感激和谦恭。

这种感觉,是我自己没有想到的。假如赵亮不走,在我无限快慰地看到他进步的同时,他也会满怀惊喜地看到我的进步。但现在,往事已矣！即便如此，今后面对"农贸市场的孩子"，我的所想所做，定会与从前有所不同。

谢谢"借读生"赵亮，谢谢"我的孩子们"——是他们共同帮助了我。

这也是我最后一次这样区分他们了。从今以后，无论他是谁，也无论他来自哪里，只要进到我的教室里，喊我一声"老师"，就都是"我的孩子"。

4. 杯水车薪

作为班主任，必须承认，我是个小心眼儿。对发生在学生或家长之间的一些不平，我往往比当事人还介意，总想着要讨回公道，教育不对的一方。因此，我就有了许多自找的不快。

先说张源。身高体胖，手笨脚拙，打不过人却总爱撩事。成天不是他告人，就是人告他，是个出了名的"是非篓子"。这和他的父亲有很大关系——学前班期间，张父的单位和学校同在一座大院，于是就有了师生习以为常的一幕：上课铃响了，别的小朋友一哄而散进教室，张源却哭歪歪地去找爸爸。不一会儿，便见张父拉着儿子直闯教室，不是责备老师听任"我们丹丹（张源的小名）"受欺，就是越俎代庖，把"坏孩子"训一通。终于有一天，老师正上体育课呢，他径直把一个小家伙从队伍里揪出来揍。这下可捅了马蜂窝，当晚，对方一家人冲进张宅，要"索性打个痛快"。从那以后，张父收敛不少，许多"委屈"只好隐忍在心——相比之下，老师的开导就显得十分无力。可见"恶人还须恶人磨"的古话确有道理。

再说钱启敏（化名）。身体弱、性格蔫、成绩差、反应慢。父亲是木匠，常年在外；母亲没上过学，学习上一点都帮不上忙。看到他们家境不富，钱启敏的成绩也难有提高，我劝过：就在村小学凑合着读算了，何必浪费不菲的借读费。钱母告诉我：农村孩子野得很，儿子借读不图别的，就是为了免遭欺负——这倒不假，相比于农村学校，厂办学校的学生无疑要讲理许多，温和许多。可是受欺负的事情也不能完全避免，比如同属后进之列的张源吧，打别人不是对手，就偏爱和钱启敏过招。

前年 12 月，一个寒冷的雨天。张源骑在钱启敏身上，学着电影里的样子，将他的头一上一下往煤渣里揿，直到拉架的人惊叫"脸都烂了"才肯放手。

当我看到钱启敏时，他脸上的黑灰和血水混在一起，都分不清哪是鼻子哪是眼睛了。用热水洗过才发现：鼻梁处有一道长而深的划伤，大约是碎玻璃割的。得知打他的始终只有张源一人，我不禁松了口气：有些家长，遇到不利，张口就赖，要不是这样的清清爽爽，我到哪里去查责任？

在医院，医生用两大瓶盐水也没能将嵌进钱启敏肉里的煤灰洗净。因为虚弱和疼痛，钱启敏的手脚冰凉，浑身发抖，出医院没走几步就吐了。

中午，我接到张父电话。不出所料，他第一句话就是："是不是责任全在我家，完全没有第三者参与？"

"是的。"

"那你说，我需不需要到他家去看看？"

"还记得上次张源的头被砸破吗？对方没有上门道歉，你气成什么样了？将心比心，你自己看着办吧。"

"听说伤在鼻梁，我担心将来破相了，会赖住我们呢。"

"如果要赖，你不看他就不赖了吗？对方是农村孩子，弱得可怜也老实得可怜。以我对他们一家的了解，我敢保证，他不会赖的。现在就看你——肯不肯负起码的道义责任了。"

"哦，那我就抽时间去一趟吧。"

下午，张父到了学校，也没有和我打照面，径直去了教室。一是打探钱启敏的伤势，二是询问目击者，是否"真的"怪张源。看来，他不信任老师呢。

一周之后，钱启敏的伤口愈合，可是一道黑线却长进肉里，估计再也除不掉了。这中间，钱母来过学校一次，这位目不识丁的农村妇女是来感谢老师带他儿子去医院的。我多嘴问了一句："对方去你家了吗？"

"没有。"

"那每天的药是怎么换的?"

"头几天是张源爸爸带着去的。后来他就不干了,钱启敏到他家楼下喊,才肯带着去的。"

同事愤愤不平:"简直欺人太甚!"

"以后张源挨打不要管,这样的人就该恶人来治!"

我苦笑道:"怎么可能!班级是一个整体,不管他,就是不管别人呢。我连家长都不敢放弃——我能放弃谁?"

去年12月的一天——不要奇怪我的记性怎么这么好,本人心胸狭窄,这样的事情,想忘记都难——下午刚一上班,赵老师便迫不及待地告诉我:"薛老师,你们班张源太不像话了,非得狠治不可!没见过这么邪的。"

事情是这样的:因为天冷,许多同学带了耳罩来上学。这东西质量很差,绒布包着的塑料支架十分脆弱,一碰就断。张源的耳罩恰巧就被钱启敏碰坏了。放学之后,张源一路狂奔,追着钱启敏赔。钱启敏先是跑,自知逃不掉就停下,结果被张源揪住了痛打。农贸市场上人来车往,许多摊主和行人都来拉,可是一点用都没有。最后赵、李两位老师赶到了,才勉强拽开。张源发了疯似的,什么话都听不进,一个劲儿地嚷:"下午告老师没用!耳罩是我爸爸花六块钱买来的,弄坏了,我爸爸中午就会打死我的!你现在就赔!"最后,张源不依不饶地追到钱启敏家去了。

我先问钱启敏:"张源真的追到你家了吗?你妈妈怎么说?"

钱启敏这个蔫家伙,一脸倒霉相,期期艾艾,半天才说出:"追到我家了。妈妈答应明天就买,他还是不肯走,非要立刻赔。最后打电话到他家,是他爸爸接他回去的。"

转身再问张源:"你爸爸怎么说?"

"爸爸说我不该把衣服弄脏;还说农村狗多,万一被咬了怎么办?"

"怎么办？给我听明白了，回去转告你爸爸：衣服脏了活该；被狗咬了也怪不着钱启敏。无论如何，你都不该在农贸市场追打同学。那儿车来车往，碰伤了自己是活该，碰伤了钱启敏你要负全责！不过是六块钱的一副耳罩，看着钱启敏的鼻子，看见这条黑线了吗？要是换了你，还不知道要闹成什么样子呢！就说是老师讲的，为了让你记住这个好教训——偏不赔！"

我又打电话给张父，毫不避讳地说了一通。

"赔不赔随他，我是不会追着要的，这还不够宽容吗？上次我每天带他换药；治疗费、医药费都是我掏的；我没去看他那是因为工作忙，请不了假——还要我怎么样？我家张源学习比不过人家，打架打不过人家，在班上总受欺负。不管和谁发生纠纷，同学都指责他，老师也经常批评他。这让我们做家长的感到很头疼、很难过。"

"到今天，你还认为问题的根源在于他学习差、打架不行，或许还有老师的不公正？我现在就可以报出包括钱启敏在内的好几个学生，他们成绩不好，体力弱于张源，可是他们与大家和睦相处，很少让老师烦心——你信不信，要不要听？"

"算了，这个我相信。我家张源成为今天的样子，原因也是多方面的。"

"在这多方面的原因里，建议你先反省自己。不要以为五年级的孩子小，什么都不懂。我明确告诉你，今天这件事，将使张源在班上更孤立。从头到尾，你这个做父亲的都在起负面作用。"

"我不是说过了吗，不赔就算了。至于我们家庭教育存在的问题，容我慢慢反思。"

回到办公室，我禁不住抱怨"肇事者"："都怪你，一上班没有好话，告诉我这破事！害我激动一场，说了许多废话。发生在放学之后、回家路上的事，我管他干吗？冰冻三尺，非一日之寒。人家已经根深蒂固的观念，是我一朝一夕可以改变的吗？杯水车薪，不自量力呢。"

其实怪不得古道热肠的赵老师，一个巴掌拍不响，一切的烦恼，都是我自找的。

就这么着，等不得周末班会，第三节语文课上，我就拿"耳罩事件"对全班同学进行教育。我宣布："为了防冻，最好戴能将沿子拉下护住耳朵的帽子；也可以戴没有支架的软耳罩；再要戴那种一碰就烂的东西来，坏了不赔。"

赵老师不依不饶："那你得叮嘱钱启敏不要赔呀！"

"事情发生在宣布之前，赔不赔都有道理，我还真的就不管了。该说的我都说到了，杯水车薪就杯水车薪吧。你一杯我一杯的，日子长了，多少有点用。"

5. 走出险境

成功的教育案例我读过许多，那样的文章我也写过。可是我知道，那只是我"阳"的一面，绝非真实、全面的我。届届都有一两个懒学生，面对他们，我就无计可施。

这些孩子，只有在课堂上，在老师的眼皮底下，才肯动笔；下课了，哪怕还差一个字，一个标点符号，也绝不肯添上。有意思的是，这样的学生班班都有，让老师万般无奈。也有老师穷追不舍、负责到底的：放学后将他带到办公室，看着，写完作业再回家——天天如此。

这是没有办法的办法，是老师所能使出的最后一招。如此犯人似的按住了往里灌，肯定比放回家靠得住。可是这种狱卒式的方法，我试都不想试——那种懒到骨髓的家伙，多瞧一眼我都觉得窝心，每天自找麻烦地拉到跟前坏情绪，对我而言，无异于自虐。何况，万一他在回家路上有个闪失，麻烦就大了。

可是身为班主任，我又不能不管：小孩子不懂事，还有几个次等懒的冷眼瞧着呢。如果我放弃了一个，没准就有几个紧跟着也撂笔了。黔驴技穷啊——很长一段时间，我愤怒于这种无能为力的状态。自责和恼羞如两股邪火，内外夹击地炙烤我，失控打人是常有的事。现在回想起来，以我当时的偏执，竟然没有出大事，简直是上天的垂怜。

想不到的是，即使我管住了自己的手，也难保不出事呢。

周一到周四，我天天盯着，跟要狗肉账似的，但王舜利（化名）的作业就是交不来。今天是星期五，再不交，我就由他去了。何苦来，又不是自家孩子，学就学，不学算了，生气发火白伤了自己——我正这样老生常谈地默念着,课代表来了:"就差王舜利一个。他说做了没带。"

我勃然大怒,恨不得一步跨到教室,逮住那个懒鬼狠捶一通。但我忍住了,顺嘴一句:"告诉他,干脆别上学了,背上书包回家算了。"

课代表走了,我翻开一本小说,却无法强迫自己读进去——连着五天,王舜利的作业像一团阴云笼罩着我,极大地败坏了我的心绪。要知道,鼓励、孤立、写检讨、加倍罚、停上体育课、找家长谈话……除了做狱卒,我什么办法都试过了,他就是三天打鱼两天晒网,不见根本好转。看来这回他真是懒病发作了,我还是班主任呢,他都敢这样,其他各科作业就更别提了。

孔子说过:"唯上智与下愚不移。"既然丢不开,我干脆发起议论:"最优秀和最劣质的人是不可改变的,教育只对中等资质者发生作用。一等的天才,无论处在什么样的环境都能成器;而我们王舜利呢,油盐不进,具有金刚不坏之身。与其在他身上浪费心血,还不如干点别的,多操心值得操心的孩子……"

"老师!老师!不得了啦!"一群学生急火火地奔来,"王舜利回家了!"

"他说'走就走,我还不想上呢',背起书包就跑……"

"朱琛(化名)他们几个班干部想拦但没拦住,五六个一齐追出去啦!"

"嗡"的一声,我的脑袋都大了。要知道,从学校到汪家,须经过一条秩序极乱的马路,他们又是追着出去的,万一有个三长两短,我就完了!

上课铃响了。我强作镇静:"都给我好好上课去。"

追是追不上了。好在汪家是开小店的,此时家里肯定有人。我拨通电话,谢天谢地,接听的正是他母亲。讲明事情经过之后,我说:"请你让那几个孩子立刻回来,嘱咐他们路上当心。至于你家王舜利,真的就不必来了。"说完,我"啪"的挂断电话,一心等着那几个孩子。

只一会儿工夫,电话就响了。小东西们跑得可真快。

"我已经照您的话嘱咐朱琛,让他们回学校了。可是薛老师,不让我们王舜利上课怎么行呢?懒,我们可以教育他,不上课,他就不会写作业,那不就更差了吗?"

"好笑!四年级了,连最起码的学习习惯都还没养成,你们不急;四年里,为作业,老师好话歹话讲尽,闲气不知道呕了多少,你们不急。现在缺一节课,你们就急了!要不是气到极点,我也不会那样讲。教书十几年,我头一回遇到这样的学生。我怕了他,也服了你们——小小年纪,不是被惯的,哪来这么大脾气?所以,麻烦你陪着他,在家里歇足了、想通了再说。以后呢,我再也不敢要你家小孩的作业了。一句重话都不能讲,看脸色,陪小心,我是教书呢还是讨饭呢?好在班上只有一个王舜利,再有两个,我宁可去扫马路。"

"老师,您听我说……"

"啪!"挂断电话,我掉头往校门口走去。直到那几个热心人安全归来,一直吊在我嗓子眼的心才回到肚里。我把他们狠训了一通。

下面的事情可想而知:王舜利母子必定会来道歉。我若固执,事情必定会闹到领导那儿去。那就意味着我这个当老师的在和一个孩子斗气,于我有什么光彩?再说事情一旦闹开,众说纷纭,细究起来还是我的不对呢。算啦,退一步海阔天空,饶过自己吧。

突然很担心看见王母,那时候我不知道又要说、要听多少废话——我厌透啦!

抢一样地抓起电话:"就快放学了,王舜利下午来上课吧。我也有过火的地方,向你们道歉。作业补不补、交不交,你们看着办。要教育,在家教育,千万不要到学校来。"

不过是为了一本作业,不过是为了"治好"一个两年后和我彻底说"拜拜"的懒孩子,我差一点就身败名裂。我后怕,我庆幸,我深悔于自不量力和自作多情。

下午，我在班上宣布："从今以后，王舜利同学的作业交不交随便，薛老师再也不盯着他要了。请全体同学监督我。"

以上决心，我下过无数次，只恨自己没血性，非得使出这样的绝招才有可能做到。从这一点上看，我和"保证如放屁"的王舜利实属一类。

一段时间过去，王舜利的成绩直线下滑。他娘老子急了，每天打电话向同学询问作业情况。对此，我深感欣慰。因为王的父母还是不错的，在我所认识的家长中不乏只养不管的潇洒派——他们的孩子不仅学习、品行一塌糊涂，而且影响到整个班级。真要遇到那样的一家人，教师除了自叹倒霉，又能怎样？

我再度失言，又盯上王舜利的作业，而且是好言相要。以前那样的过激话，我对谁都不说了，一方面害怕，一方面自己也觉得没意思。

现在看来，"上智下愚"的说法是不对的。使得王舜利呈"下愚"状的，恰恰是家庭教育的缺席。作为影响学生的一个方面，教师只能尽力而为，却不能取代社会和家长的作用。否则，必然吃力不讨好。"独木难支，适可而止吧。"我对自己说。

"只有不会教的老师，没有教不好的学生"——在我看来，这话和"人有多大胆，地有多大产"是一路的。如果是教师之外的人这样说，那他就是在恶意地欺负人，把教师往绝路上逼；如果是教师自己这样说，那他不是幼稚就是自大狂，迟早会碰个头破血流。

我曾属于后一类。那时，我处于极度危险的境地。

6. 我只能把话讲到

学校紧挨着农贸市场，那里有好几家网吧。对一些学生而言，相比于校园的严肃活泼，一墙之隔的精彩世界无疑更具诱惑力。上网成瘾的孩子每班都有，他们的上网费有从早餐费里挤出来的，有从家长那儿骗来的，也有偷来的，敲诈打劫的事暂时还没有发生。

周末的傍晚，我正在看电视，电话铃响了："薛老师，我是王舜利的妈妈。想找您谈谈，可以来吗？"

"不可以！我正要出门呢，明天到学校讲吧。"

"是关于我家王舜利的，耽误不了您多长时间。"

"那就电话里说吧。"

写到这里，需要对我的冷漠做两点解释。

第一，临近春节，我担心她要来表示"意思"。以前她就来过，大过年的，碍于面子，我只好委屈自己，勉强受下，之后回赠价值相当的图书。这样做时，我感觉累而沮丧。我坚信，一样的学校教育，一样的社会环境，学生之间之所以会有巨大差异，根子绝对在家长那儿。所以，对一些家长，我宁愿保持距离。

第二，教育需要的是日积月累、潜移默化的慢功夫，除却突发事件，没有立刻要谈的事情。周末，我有权拒绝被打扰。有一段时间，王舜利作业拖拉且有偷窃行为，学生和任课教师接连告状，令我头疼不已。以至于晚上散步时，我满脑子全是"王舜利""王舜利""王舜利"……如此三公里下来，烦闷至极。就在那个最不舒服的时候，我痛下决心：决不把工作带回家。"但问耕耘，莫问收获。"则是我的另一原则。一年以来，正是靠了这两根支柱，我才得以在敬业和宁静之间求得平衡。从这个意义上说，我得感谢王舜利。

"薛老师，最近我发现，王舜利玩游戏太入迷，情况很严重。"

"最近你才发现？早在几年前，我就找你谈过，难道都忘了？按说你家并不宽裕，小店刚够糊口，可是从一年级开始，王舜利的零用钱就是全班最多的。他经常请同学吃零食、玩游戏，出手大方得很。当时我就警告：这是危险的苗头——如果钱是家长给的，那你们就是在花钱引他学坏；如果钱是偷的，你们就该先狠狠治他，然后管好买卖账，让他无机可乘。为了把道理说透，记得我把《增广贤文》都搬出来啦，可惜效果几乎为零。现在他都五年级了，人大点子多，若要从歪道取钱，恐怕你们拦都拦不住喽。"

"一点不假，他是有本事自己弄钱了。不过不是偷，是从游戏房赢来的！我家这个小孩确实聪明，别的不讲，就说这玩游戏吧，连老板都佩服。说那么多家里有电脑的大孩子，都不是他的对手……"

"得，省点话费吧。像你家这样的，最好不要再炫耀他的聪明了。不学好，还不如老实点，大家都省心。我再重复一次：凡出事的孩子，都不笨——一旦把聪明用歪了，比笨孩子更可怕。"

"可怕，是可怕！王舜利已经被农贸市场的坏孩子缠上啦，老在我家门口转悠，说王舜利欠了他的钱，再不还就如何如何的！我找到他们家，请家长教育，可是你猜怎么着，他们根本不睬我！你说这些人的素质怎么这么差……"

"坏孩子为什么不缠别人，单缠王舜利？'苍蝇不叮无缝蛋'，你们该在自身多找原因才是。他赢钱时候的高兴劲都到哪儿去了？自己孩子管不住，却去代劳人家的，换了我一样不理你！听到现在，我感觉你对他的溺爱丝毫没有减少，在这种前提下，要想扭转孩子，不可能！"

"我改，我改。我就是想和老师商量，怎么样才能把他看住，不让他踏进游戏机房。"

"老板要赚黑心钱,不是教师能管的,我只能在校内教育学生。也有老师到机房去逮的,那种事我不干。我只能把话讲到,更多的事情,还得家长去做。"

"实话告诉薛老师,小店我也不开了,每天一放学我就接他回家——事到如今,也只有这样啦。可是在校内,就得麻烦您多费心盯着了,我真担心他会逃课呢。如果小孩能从此学好,我们一家感激不尽!"

一周之后。

星期四下午没有语文课,我照例到班里转转。发现王舜利根本没来,我立刻去打电话。

"哦,是这样,吃过饭他喊肚子疼,我就让他在家睡觉了。"

我哭笑不得,连一句批评的话都不想给。可是又不得不说,因为——我只能把话讲到,我必须把话讲到。

7. "鹰"归来

暑假，阴雨天。正无聊着，电话铃响了。

"请问哪位？"

"嘻嘻，薛老师好。我是鹰歌啊。"耳朵里一团亲切，一团娇嗔，还透着几分没来由的顽皮与得意——只这一声，我枯寂的心便给融化了。

"哦，是你这孩子！有三年没回合肥了吧，这次是来看外婆的吗？"

"是的是的，薛老师。我马上就到您家去玩儿，和安嘉一起去。现在是四点钟，我们今天想玩个够，晚饭就在您那儿吃了。再见！"

"这家伙，风风火火的，都要念大学了，脾气一点儿也没有改。"我嗔怪着，兀自笑出声来。一些往事被唤醒，我一边回忆，一边在窗前张望。

雾朦胧，雨朦胧，大路上空无一人。恍惚中，我感觉自己是个倚门望归的老人，有一些温暖，也有一些伤感——

你们可以努力去模仿他们，却不能使他们来像你们。

因为生命是不倒行的，也不与昨日一同停留。

你们是弓，你们的孩子是从弦上发出的生命的箭矢。

（纪伯伦《论孩子》）

父母如是，教师亦如是——被一种不由自主的力量驱使，所有的努力都只是为了以自己为基座，以自己为起点，把孩子尽量高尽量远地射出去。而当使命完成，留给自己的，只有疲乏和空虚。

孩子不属于我们，孩子属于未来的世界。未来的世界不属于我们，我们也不属于未来的世界。未来的世界里有多少精彩就有多少残酷，当孩子义无反顾地投身其中去拼搏时，他们必将无暇回首。

这是自然的，也是公平的。后之视今，亦如今之视昔。工作以来，我就从来没有看望过自己的老师；即使是曾经爱戴的一两个，我也不能不深深叹息于他们的落伍与陈旧。和他们在一起，是一件催人老去的累人的事情，一想而令人畏怯。我知道，这怨不得我。

所以，一直以来，我孜孜于学，不敢懈怠。

所以，我从不接受家长的"意思"，却十分珍视学生的来信和看望。作为过来人，我知道，那是对一个教师与时俱进的努力的肯定，那是从未来世界输送过来的新鲜活泼的生命原力。

忽然，蒙蒙细雨中，一前一后来了两个人，都没有打伞。前面一个女孩子抬头看见我了，呼叫着："薛老师，快来接我。我都要给淋透了！"

"嘭"的一下，童心被点燃了。我很坏地笑着，托起眼镜，仔细端详雨中的奔跑者：这是我第二届学生中最漂亮最聪明的一个，也是顽皮倔强与我最投缘的一个。她初中毕业后，随父母去了南京，三年中我们书信不断。如今，她已经是北京一所高校的学生；如今，被一线情缘牵引着，她来找我"玩儿"了。

无可奈何花落去，似曾相识"鹰"归来。

我喜欢这个"玩"字。

8. 如歌的行板

一

相处的日子里 / 你给我的 / 何止是快乐

可我知道 / 迟早有一天 / 你会离去

到那时 / 所有往事 / 都将成为星星

缀满记忆的天空 / 使思念

宁静　温馨

年轻的时候，我一度痴迷于诗，走火入魔的日子里，连日记也长满了幼稚的长短句。朋友，这首诗是为你而作的，题目就叫《给卫军》。直到现在，我还时常不无得意地想起它，每当念及，心境果然温馨宁静，有如广袤晴和的夏之夜空。这一切，是你绝想不到的：当时没有给你看，今后你也不会读到——除非这篇文字碰巧能够发表，你又碰巧读到它，而这种巧中之巧发生的可能性几乎为零。此为理所当然，我满足于这种自在自然的美好境界。因为和我们曾经拥有过的友谊相比，这篇文字的有与没有，发与不发，乃至于能否被你看见又算得了什么。

二

你是在这一天来的 / 这天便成了我的节日

淅沥小雨送来难得的清凉 / 你是白云织就的帆

款款飘至 / 我心的港湾

哪怕身隔万里 / 哪怕烈日炎炎

白发婆娑的 6 月 22 日 / 也有干净的雨丝洒落

润湿记忆 / 催生诗

这是《6 月 22 日》，特为纪念我们相识五周年而作。五年之后，我们都做了母亲，我居然还能写诗，这件事本身就足以证明我们友谊的深厚和澄净。我们都是单纯的完美主义者，作为教师，我们不约而同将师德当作了品评同行的第一标准。正因为如此，我们的友谊，才得以超越了私交；我们在对方的眼里，才变得加倍可爱。

1989 年夏，也就是你到学校来的第二年，我的学生毕业了。孩子们准备了一个简单的联欢会，邀请老师参加。你也来了，并以一曲轻灵妙曼的《扇舞》把聚会推至高潮。

师生对面而坐，你先给成人鞠躬："今天是学生的节日，请老师和领导原谅，我要面对学生表演。"语罢，你转过身，在狭窄的水泥地上，随着伴奏翩然起舞。该做结束动作了，音乐中你扬起头，抖开扇，毫不含糊地单腿跪下，灿烂地笑着，把满心的祝福送给孩子们。瞬间的寂静之后，教室里掌声雷动。卫军，这是我第一次看你跳舞，印象之深，没齿不忘。

1991 年春，西市区举办少儿集体舞比赛。作为大队辅导员，你带着 80 个高矮参差、没有丁点儿舞蹈基础的孩子，一个动作一个动作地教，一遍一遍地练，起早贪黑地苦干了两个月——只有我一个人知道，此时你已经怀孕。我劝你千万悠着点，或者干脆推掉不干了。你说："我们厂办学校的孩子好可怜，学习条件差，接触外界的机会少。对他们中的大多数人来说，一生一世，可能就这一次登台的机会了。无论如何，我也要让他们辉煌一次。"

当节目获奖归来时，你的肚子也势不可挡地一日日隆将起来。出于爱屋及乌的心理，学生在作文中写道："我有一个美好的心愿：希望卫老师能生一个女孩。她长大了，像卫老师一样漂亮，一样和蔼可亲。"读着这天真的文字，你笑了——你先生是两代单传的独子，私心里，你想要个儿子啊。

三

年年岁岁花相似，岁岁年年人不同。
二萍今年二十五，诗兴犹似老古董。
他年儿孙若学诗，莫向老妪门前弄。
一齿一豁俱是诗，自有风情万千种。

这是我生日那天，你在我的日记本上随手题下的打油诗。后四句可谓平中见奇，情趣盎然，让我又喜又妒，因为这种"妙手偶得"的功夫是我所没有的。整整一个上午，我们说了笑，笑了说，一人上课去了，另一人就安静地等待她下课——在此期间，一言不发。这样的时候真是太多了，不要说别人，就是我自己，也常常感到奇怪：我们哪来那么多话呢？

答案被你无意中得到。"薛，我读到一段话，简直就是为我们而写的——爱读同类书籍的人最容易成为朋友，而且他们之间的友谊最为牢固和持久。"

是啊是啊，也是因为书的缘故，我们的友谊才会如此干净美丽，如此丰盈生动。在我们看来，爱读书和爱学生一样重要，教书而不爱读书，这是不可思议的事情。如饥似渴的阅读，可遇而不可求的交流，使我们超越庸常，共同拥有了一段幸福时光：先秦诸子、唐诗宋词；三毛、舒婷、席慕容；雪莱、拜伦、普希金；《复活》《牛虻》《呼啸山庄》

《简·爱》《红字》《生命中不能承受之轻》均是我们的最爱——更不要说那说之不尽的《红楼梦》了。

一个风雨过后的三月天,校园里桃飞李谢,落英缤纷。你忽然问我:"猜猜看,《红楼梦》里我最喜欢哪两句?"

"寒塘渡鹤影,冷月葬花魂!"

"不。是'揉碎桃花红满地,玉山倾倒难再扶'。第六回尤三姐拔剑自刎那一段。哎,哎——真是凄丽至极,惨烈至极,绝望之美,无与伦比!"

卫军,你能想到吗?只为这番话,我把《红楼梦》透透实实地重读了一遍。书香萦回,蕴藉如斯。抚掌大笑或是无声胜有声的时刻里,天机清妙,烂漫得如同不食人间烟火——那是一段多么美好的激情岁月。

四

虽然我们还在同一座城市生活,虽然分别后我们匆匆聚过几次,虽然哪一个得了好书也忘不了要和对方分享,但是意气相投无话不谈的快乐是无可挽留地一去不返了。你是欣欣然去和爱人团聚,我所感到的失落必多于你。但既然这份寂寞来自曾有的幸福,在我眼里,这寂寞也是美丽的了。

寂寞中,我当一如既往地勤勉上进,使自己的心不至于随年龄一同老去。我想,这才是对那段时光的最好纪念——我猜你也会加油的。你必同意我,因为你曾说过:

朋友 / 你爱音乐
我便做了一张琴
弹一曲高山流水 / 问你可爱听

9. 也是原则

暑假里,朱正(化名)同学因母亲工作调动去了南京——为使他同意转学,应家长之请,我还专门找他谈过。这孩子成绩一般,可是乖觉懂事。四年来,我也不记得给过他什么特别的关爱,使他如此留恋,以至"除非薛老师也去,否则我不走"呢?这样想着,我渴望爱和肯定的心便感到自豪和温暖。

一天晚上,孩子的爷爷奶奶登门来访。寒暄过后,奶奶不说话了,爷爷的表达也突然变得费力:"薛老师,我们这趟来,是有事要麻烦您的。儿子媳妇都在南京,原该他们来说的。一把年纪了,要不是为了孙子,我真不好意思开口。"

总算说到正事了。老人家,要不是您"一把年纪",我早就不陪二位兜圈子啦:"这样说,是因为您还不了解教师——在我们这里,只要是为了学生,没有可以称得上麻烦的,请照直说吧。"

"是这样,我们联系的是一所条件很好的学校,教学质量高,课外活动也丰富。参观回来,全家人心里都热乎乎的!可是……吭,嗨……说起来啊,是我们做家长的没脸,跟上您这么好的老师,可他就是没学出好成绩来。同时转去的别人家孩子的成绩单,门门九十多,又是'三好学生',还有这样那样的获奖证书。这么一比,我们的就拿不出手了——人家可是重点学校,生源好得不得了!万一学校嫌我们差,不接受,怎么办?就这么着,我们多了一个心眼,退回来了。想请您帮忙,重写一张……我们也知道,这种要求肯定让您为难,因为不合原则,要是实在不行呢……"

听到一半，我就明白了。等他说完，我笑道："这个呀，一点也不为难，我明天就去办！评语应当没问题，至于分数嘛，我还记得，数学九十多，不要动；语文85，我给他改成90就是啦；另外，我再在奖励一栏写上'本学期被评为三好学生'——二位看满不满意？"

不难猜测，他们是鼓足了勇气才来的；为达目的，他们必定准备了许多请求的话——他们绝没有想到我会答应得如此爽快。一时间，两位老人面面相觑，竟不知说什么好。

我笑一笑，解释道："在我佩服的同行中，有一位任小艾老师。她教过一个学生，很野，而且有偷窃行为，经过教育，成了品学兼优的好学生。也巧，那孩子后来从事的恰恰是治安工作，干得好了，上面要提拔他。因为事关重大，单位调查到了中学班主任那儿。你们猜，任老师的评语是怎么写的？她对孩子不光彩的过去只字不提，满纸都是肯定称赞的话！为什么？因为任老师知道，如果她实话实说，学生不仅会失去眼前的职位，以后找工作都困难，那样就毁了孩子一生！当然，任老师这样做是有前提的。那就是：这孩子如今确实可以信赖。所以，实事求是也是要看具体情况的。在教师这里，还有一个更高的原则，那就是：一切为了学生好，学生的成长高于一切。这就是我不为难你们的原因。

"江苏的教育比安徽的教育进步一大截，在南京，很多小学早就取消了百分制。数学和其他科目我不敢乱讲，关于语文，我可以肯定地说：像我们这里，小学语文竟能精确到0.5分，是很可笑的。再加上统考、流水阅卷、回避制，更增加了分数的偶然性。所以，在我眼里，85分和90分是没什么差别的。

"再说'三好学生'吧。像朱正这样各方面表现好，只是成绩不在前列的孩子，班上还有不少。在我心里，他们早就是'三好学生'啦。可是没办法，百分之十的比例是铁定了的，更无聊的是一年只评一次。六年，30位学生只能有18人次当选，我们学校欠学生的也太多啦。所以，明天我写上这一笔，就算我在替学校还债。

"朱正见了第二张成绩单，肯定会疑惑。你们尽管把我的话说给他听，也算是对孩子的一种鼓励。当然啦，这样改动，也只有对朱正才能做。因为我确信：以他一贯的表现，到了南京，到了较为宽松和人文化的环境里，必定会发展得更快、更全面。"

一番大论结束，爷爷感叹唏嘘，对老伴说："可惜了，我们做家长的到今天才跟薛老师联系！要是媳妇肯听我的，早一点和老师交流，朱正肯定会进步得更快。我算明白了，为什么我的孙子会那么舍不得您，他最担心的就是：将来的班主任要是没有薛老师这么好，那可怎么办？"

"这个嘛，你们大可不必担心。我在他的评语里不是写了嘛：诚实、友爱、文明、守纪。保持这些优点，到哪里他都一样受欢迎！"

10. 东风第一枝

每到新年或是教师节，同事们总能收到许多礼物，相比之下，只有几封远方来信的我则显得寒碜。出于同情，朋友常常分我一束花，顺便递一句善意的批评："做人不要太左。"

一年级时，我便在班上声明：拒收这些转眼就成垃圾的玩意儿。"现在花钱买它们，只能让商店老板开心；要想让老师高兴，就给我好好学习，天天向上。真要有那份心，等将来工作了，别说是鲜花、贺卡、小饰物，就是虫草、巴黎香水我都来者不拒，通通接受。"为什么单单说到这两样呢？因为我曾经笑纳过。

面对我的"冷漠"，学生自有办法：他们或者赶在我进教室之前，在黑板上大书"祝薛老师节日快乐"；或者寻来心形的石头，贴上30个阿福头，以示祝福；或者策划一封改进工作的建议书，由班长郑重递交……又到年底，同事们丰收的日子越来越近了，"冷酷"如我者，今年会有收获吗？如果有，那将是什么——我以为，正是因为这份未知因素，小小的期盼也变得别有情趣。

我做梦也没有想到，礼物会来得这样早，这样快。下午，我收到南京来信，打开看时，原来是朱正寄来的贺卡，外观极其精美，上面工工整整地写道——

薛老师：

您好！我在这里生活非常好，请不要担心。在这个小学里，老师和同学们给了我很多发展自己的机会，比如说成为国旗班、田竞

(径)队的队员,(我)还接待过意大利访问团的来访。时间不早了,就说到这里。

祝老师身体健康,全家幸福,新年快乐。

您的学生　朱正

朱正的学习成绩不太好,体育、电脑却很棒,这孩子为人诚实友善,在同学中有很好的人缘。上学期的周记里,他不止一次说到家长早就想让他转学,他却"赖着"不走,从二年级一直拖到四年级。"我舍不得这里的同学,舍不得离开薛老师。我担心新学校的老师和同学看不起我。我希望能在这里读完小学再走。"

于是,孩子的母亲只好找到我家:"薛老师,我前年就可以调过去的,之所以拖到今天,都是因为朱正不肯走。你知道吗?就在昨天,他竟然说出这样的话:'要我到南京,除非薛老师一起去!'可我们一家人不能总这样分开呀,这次我们是真的要走了,所以请您务必帮忙,做做孩子的工作,劝他同意转学。学校我们都联系好了,费了很多事,是一所条件很好的重点小学。"

暑假前的那次谈话,使我感到少有的艰难——听着我的谆谆善诱,老实巴交的孩子从头到尾一言不发,苦着脸,一副要哭的样子。这和我看惯了的他在课堂上如饥似渴的神态是多么的不同啊。我硬着心肠,费了好大的劲,才把准备好的话背完。

"薛老师,我有您的电话号码,到我孤独的时候,想您的时候,就打电话,您可一定要接啊!"临走时,他终于开口了,话里带着哭腔。我眼窝一热,差点落下泪来。

可我一直没有接到他的电话。孩子爷爷告诉我:有两次朱正吵着要打电话给我,被母亲拦住了。"薛老师,这一点请您务必要谅解,那边的竞争也很激烈,我们是希望他尽早丢掉过去,融入新的学习生活。"

所以，当看到信封底部没有邮编号码时，我一点也不奇怪，我理解家长的苦心。其实作为教师，只要学生过得好，能够上进，也就心满意足了——当然，如果他能记得我，我会加倍感到满足。

窗外飘起了洁白的绒絮，这是今冬的第一场雪。恍惚间，它们化作漫天飞舞的祝福的礼花，于无声的音乐中向着我纷纷坠落。12月7日，我收到了新年的第一份贺礼，来得如此急切，如此率真——它所带来的纯洁、温馨和美丽，将长久地愉悦我的心。

11. 砸碎牌坊
—— 为教师节而作

因为平等　爱才美丽

> 相见时难别亦难，东风无力百花残。
> 春蚕到死丝方尽，蜡炬成灰泪始干。
> 晓镜但愁云鬓改，夜吟应觉月光寒。
> 蓬山此去无多路，青鸟殷勤为探看。

正所谓"执手相看泪眼，竟无语凝噎"（柳永《雨霖铃》）。当此时，春蚕和蜡炬既是彼此立下的誓言，也是分别后长相思念的喻证：女为悦己者容，相思催人老，晓来临镜，她焉得不忧从中来？长夜难眠，清宵独立，月光与诗句一样凄冷，他哀何以当？然而，风软花残的伤别也好，心有千千结的眷念也罢，只因为彼此情真意浓，我们才能在凄恻低徊的意境中感到甜蜜的温柔，获得审美的愉悦——李商隐的这首《无题》，才能成为独步千古的爱之绝唱。

试想，如果所有的牺牲由一人承担，这段感情，这种关系，这首诗，还当得上"美好"二字吗？心安理得的索取者固然冷血可憎，而当真不求回报，一味做"爱的奉献"的另一方，由于丧失了起码的平等意识和自我意识，其"无限雌伏，无限献媚"（王小波《洋鬼子和辜鸿铭》）的姿态不也令人鄙夷吗？

牌坊的诞生

身为教师，我最反感的就是"春蚕""红烛"类的比喻，不是因为它的滥俗，而是因为在它的背后，隐含着对教师的深刻愚弄。

"春蚕到死丝方尽，蜡炬成灰泪始干。"在这里，蚕是教师，烛还是教师，而居高临下、理直气壮地令其"到死丝方尽，成灰泪始干"的，当然是巍然至尊的"人民的教育事业"或"祖国的未来"了——这里所褒奖、提倡的，乃是教师对社会单方面的无怨无悔无私无己的付出。

案牍劳形心力交瘁，动辄得咎不堪重负，衣食窘迫面有菜色，工资拖欠诉告无门：忍着扛着熬着吧，和你所肩负的重任相比，和民族灿烂辉煌的未来相比——"这点痛算什么"！君子喻于义，小人才喻于利呢；生命的价值在于奉献而不在于索取；先天下之忧而忧，后天下之乐而乐……总而言之一句话：不苦不累还叫教师吗？"人民教师"的伟大正在于斯。

仿佛是在不经意之间，最初的赞美变成了蛮横的苛求，长期不公正的待遇变成了合理的存在。"文革"时期看电影，一见到青松高山，观众就知道：有人要牺牲了；而现在，一提到春蚕红烛，大家就"很自然"地联想到教师。其中意味，几多凄惨，几许冷酷——对教师权益的漠视至极，对教师心智的愚弄也至极。

重重蚕丝包裹着的，层层烛泪覆压着的，是对教师职业尊严的无视。而这，和旧时的牌坊有什么不同？

火红年代的遗民

众所周知，教师中乐于以蚕烛自喻或发誓要为蚕为烛的大有人在。如果他们是真诚的，那么这种自己拿自己不当人待的"高尚情怀"，其实是一种典型的受虐心理。

我们都该记得，在过去不久的那个火红年代里，全国人民都患上了"崇高症"。大家争着抢着，不要做人而要做螺丝钉，做铺路石，做砖头瓦片，结果呢，八亿革命群众成了一窝疯子和傻子，在20世纪的人类舞台上集体扮演了一出超大规模超级丑陋的活闹剧，造成了全民族道德和心智的大倒退。在今天看来，这种丢人现眼的结局是必然的，因为"在道德这个最高层面上，人不能是手段，只能是目的。"

不是抽象的国家利益，而是具体的人的价值和尊严的实现，才是社会进步的动力和标志。经历了那场颠覆性的灾难，"人"的意识终于获得了苏醒和张扬。正是在无数普通家庭具体个人的富裕和发展中，今日之中国才显示出前所未有的前进态势。钉石砖瓦之说作为死掉的语言，和印满豪言壮语的旧报纸一起，去了它们应该去的地方——这是来之不易的解放和进步。

然而同类的蚕烛之喻，却在教师中仍有市场。以开启智慧为己任的一些人，浑浑然做了那个愚昧年代的遗民，这真是一件没有面子的事情。用一句大俗话来说，这就叫做被别人卖了，还帮人家数钱。

长铗归来乎，食无鱼。（《战国策·齐人有冯谖者》）

是马也，虽有千里之能，食不饱，力不足，才美不外见，且欲与常马等不可得，安求其能千里也？（韩愈《马说》）

不平则鸣。千载以前的封建文人尚能如此，捧读先辈的呐喊，错将麻木当高尚的"先进人物"，怎不汗颜？

砸碎牌坊

当然，牌坊上还会刻着别的字，比如"园丁""工程师""阳光下最受尊重的职业"等等，听起来，似乎比公然让教师做春蚕做蜡烛含蓄了不少。然而，谁都知道：在中国，越是堆满了溢美之词的地方，就越有令人触目惊心的丑陋和不公需要掩饰——颂歌多是唱给"下面的人"。因"位子"而雇凶杀人的事情一再发生,可是谁听过一首献给"上面的人"的歌?

每一个知识分子都要理直气壮地争取自己的物质利益,捍卫自己的生存权、温饱权。不能信奉那些"安贫乐道"的鬼话。贪得无厌的"主子"总是又要马儿跑,又要马儿不吃草的。如果我们以自己的"价廉物美"而沾沾自喜,那就成了鲁迅所说的"万劫不复的奴才"了。

砸碎牌坊!

12. 孩子，你该这样看"公道"

如今的学生很会相机行事：他们上班主任的课是一种状态，上其他教师的课又是一种状态。如果教师之间缺乏沟通，他们对某些学生的看法往往大相径庭。所以，这就需要做班主任的对学生有全面的了解，以防止纪律的松弛从一两门"副科"开始。

在我这儿，查访是不定期进行的，有时问教师，有时问学生。本周的班会上，课代表报告了前一节音乐课的情况：五个男生嬉笑打闹，被老师罚站。

别的学生出去游戏，那五个被留在教室。四个一贯调皮的家伙先上前挨训，然后老老实实地写检讨。到第五个，事情起了波澜。

他叫朱琛，是中队委。我留他在最后谈话，是有用意的。谁知，我刚问了一句："你是班干部，怎么能在课堂上起哄呢？"他就顶撞道："音乐老师不公平！明明是孙方方（化名）先戳我，她为什么只说我？"

朱琛几乎是叫喊着和我说话的，声音之大，语气之盛，令人吃惊。

"音乐老师冤枉你了吗？"

"没有，我只是说孙方方也该受罚。"

"音乐老师袒护孙方方了吗？"

"也没有。孙方方戳我的时候，老师没有发现。而我打她的时候，正好被老师看到了。"

"你想怎么样？"

"孙方方不写检讨，我也不写！"

听听，如今的学生。要是不把他的狂劲给压下去，以后我还怎么带这个班？

"看来，音乐课上不守纪律的，还不止你们五个？"

"说笑打闹的多着呢，凭什么只罚我们？"

"是不是要在班上来一次大调查，把说话的、打闹的都揪出来，你才完全服气？"

"对。"

"那么，从今以后，在课堂上，老师谁也不能批评，因为他不能确定有没有漏网的。哪怕是批评一个人，也得停止讲课，在全班做调查。也就是说，要么就听任混乱，要么就一查到底。这样一来，公道倒是有了，可是，课还上不上？"

语塞。

"所以，点名也好，检讨也好，都只是严肃纪律的一种方法。假如被批评，你只能问自己错没错，而不应该牵扯别人。否则的话，你揭发我，我揭发你，都互相乱咬起来，那不乱套了？还怎么安心学习？实说了吧，我相信孙方方有错，可我今天偏不找她，你服气吗？"

"服气。这是为了教育我少推卸责任，遇事多做自我批评。"

"还有，为什么那四个人的态度都比你好？"

"因为我很少挨批评，一时受不了。"

"这就叫做受挫能力弱。和他们相比，在这方面，你是后进生！"

低头无语。

"还有，开学以来，这是你第一次为纪律挨批评。你扪心自问，自己是否真的就那么好，从来都没有违反纪律？"

"不是。有时我也小动小闹。"

"那别人在被批评的时候，怎么不揭发你？"

"他们……他们……"

"他们有错认罚，他们拿得起放得下，他们比你宽容坦荡！你要好好向他们学习，否则，以后你会有很多的事情想不通，有很多的痛苦要忍受——世界上没有绝对的公道，比公道更重要的，是我们要有一颗坚强大度的心。"

朱琛抬起头，专注地听我讲。我知道，他在努力理解我的话。冰冻三尺，非一日之寒。他还要经历许多事情，才能变得成熟起来。毕竟，他才四年级。

13. 一记耳光

事情发生在上学期期末。

第二节下课，临出门，我叮嘱道：下雨天，户外活动不方便，大家在教室里好好玩，不要追逐打闹，尤其不能拿教鞭"练武"。谁知怕啥来啥——我前脚刚离开，后脚就出岔子了，学生急急忙忙来报告：朱琛拿教鞭捣着方胜（化名）的眼睛了！

说话间，受害人被搀到跟前：但见左眼通红，泪流不止，满脸痛苦。我吃了一惊，同时暗暗庆幸：还好，没有伤到眼球。

瞥一眼随后进来的肇事者，我忍不住皱了皱眉头。因为这孩子小小年纪却生就一张铁嘴，号称"常有理"，谁知今天他又将如何展示自己的辩才呢？

"老师，事情是这样的：柳小娟让我帮她看作文，我笑她写得差，她就追打我，我被逼急了，顺手拿起讲台上的教鞭护身，躲闪中一个不小心，就碰到方胜的眼睛了。"

从容、流畅、条理明晰、措辞严谨。利利落落的一番话，说得同事们面面相觑。

又来了！每次都是这样：认错、道歉，三两分钟可以结束的事情，到了他这儿，却偏偏不肯低下高贵的头！四年级的小学生，哪儿学来的这么奸滑？从前的唇舌都白费了？瞬间，遏制不住的厌恶和恼怒占据了我，我想都没想，扬手甩了他一记耳光——

"啪！"只一响，朱琛应声而泪流满面。同事再度惊愕，夏老师冲过来按住我的手。

"娇气！我只轻轻碰你一下，哭什么？"

听我这样说，他哭得更凶："老师打我了！"

"哦，原来你也知道疼，你也知道委屈！转过脸，看着方胜的眼睛，告诉我：听了你那番轻描淡写、不以为然的话，他是什么感觉？"

止住哭，泪眼汪汪地看着我，似乎在努力理解我的话——朱琛是学习尖子，有的是聪明劲，这个弯子应该转得过来。

"柳小娟为什么追你？"

"我嘲笑她了。"

"她追你的时候，手上拿了什么'凶器'？"

"没有。"

"那你护的什么身？一个女同学，个头比你小，力气没你大，又是空着手，亏你说得出口！万一戳进眼睛，现在我们就不是在这儿磨嘴皮，而是到医院去了！差点儿就出了大事，老师庆幸还来不及呢，你却振振有词，一味替自己开脱——什么品性？真真叫屡教不改了，想不打你都难！"

大约是想起从前所犯的类似错误，他低头不语，面呈愧色。我不失时机，递上台阶："当然，老师也有错，不该急躁。无论如何，我打人都是不对的。我向你道歉，请你原谅，也希望你能深刻反省自己的行为。"

泪水再次漫出眼眶，朱琛又哭了，然而他说出的话却一点也不打折扣：

"从头到尾都是我的错：第一，我不该嘲笑同学；第二，我不该舞弄教鞭；第三，伤到同学以后，我不该为自己辩护。老师是气极了才打我的。我保证：以后一定改。"

总算结了，多不易啊！我吁一口气，同时觉得有些疲惫。

跟着来的，是一个中午的惴惴不安，总担心一贯心高气傲的朱琛会出什么事。直到下午上课，看见他一切照常，我的一颗悬着的心才踏实下来。

也许，对付特殊学生就得用特殊方法；也许，一记耳光真的比"动之以情，晓之以理"的诲人不倦更能让他警醒和牢记。但是，我何苦要担此风险呢？退一万步说，就算捣坏了眼睛，只要我把话说到了，他们打官司、索赔，找到家长，找到学校，也找不到我呀。

"下次再不能这样冲动了，"我对儿子也是对自己说，"品行欠佳怎么了，用得着我去打他吗——他又不是我的儿子！"

"什么？！"

儿子痛呼一声，像被夹住尾巴的猫。

转眼到了新学期，你能相信吗？朱琛真的变了，变得诚实宽容，能和大家和睦相处了。整整一个月，都没有人来"报告"他。

"还是这样的日子好过吧？"

面批作文的时候，我含笑道。聪明的家伙听出了弦外之音，抿着嘴，美滋滋地笑了，笑得小眼发亮。

不能说这是一记耳光的效果，即使是，我也再不能了——虽然他的父母也欣喜于孩子的变化，并在听说那件事后，真心诚意地感谢我。

14. 不改少年狂

念书的时候我就不是循规蹈矩的好学生,所以尽管学习挺棒,却很不得老师的欢心。现在,我工作好多年了,还有人认为我做教师是个笑话,他们等着听我改行的消息。

17年过去,我不但做了下来,而且荣誉证书挣了一大堆。按理说,我早该变得沉稳,然而下面的事情却证明了一条古训:江山易改,本性难移。

一

盼望着,盼望着,终于天降大雪。还没来得及享受雪景的美,校长就令各班自扫门庭——败兴!谁也不是泥捏的,就算是尊贵的校长,能在洁白松软的雪里摔倒,那也是跟中彩一样可喜可乐啊。

于是,我顶风逆行,亲率弟子"大打出手"。其时我刚工作不久,一旦玩起来,疯劲比学生还大呢。一时间,雪球纷飞,哗声震天——我们的狂欢给其他班级的学生带来了锥心的痛苦,他们嫉妒的目光灼烧着我们,撩得我们兴致更浓。

无疑,这是我对"劳动观念"的挑衅,而且负面影响极大。如我所料,校长找我谈话了——虽然在尽兴之后,我们飞速扫清了"应有"的通道。

我努力做出恭听状,一边歇息,一边回味刚才的痛快劲。在我耳畔，校长的教诲，比唱歌还好听呢。

二

春天到了，细雨如酥，教室前后一片嫩绿。于是，拔草成了各中队必须完成的任务。看着小孩子们在辅导员的指挥下干得起劲，看着草色一寸一寸变成肮脏丑陋的烂泥，我咬牙切齿，以为连同嫩草一同被拔除的，还有童心的温存和美丽。

抵触不可避免地发生了：春草无语，我不抗争谁抗争！舌战就发生在教室门口，号称铁嘴的书记说不过我，悻悻而去。

然而，过不了多久，校园里只要是水泥不到的地方又是一片柔柔的新绿——毕竟，春的生机是不可遏制的。连同生息其间的蜗牛、豆娘、蝈蝈、螳螂一起，草地成了孩子们的乐园。没有想到的是，一位学生会她的作文里记录下那场争论，她写道：

如果留神，你会发现：我们教室门前的野草比别处的茂盛。那是薛老师爱心和勇敢的证明，也是我们全班同学的骄傲。我为自己有这样的老师而感到自豪。

三

少先大队设"监督岗"，专司检查红领巾的佩戴情况。如有忘记的，则扣所在中队的风纪分——而这分数，则是年终评比的依据之一。

于是，学生来到校门复又折返狂奔的，有之；张三李四先入校门，再由张三把李四的红领巾交给等在门外的王五，让其蒙混过关的，有之；不幸被捉，汇报到辅导员那儿，罚站抄书的，有之。

"红旗的一角"是幸福的象征，原本干净美丽，经了这番教育，已然变得灰暗沉重。尤其令我不忍见的是：夏日炎炎，学生被迫围一块汗湿的红布，都捂出痱子来了。党有党徽，团有团徽，也没听说要求天天佩戴的，今儿在队的学生却要受这份罪。

这就是爱国主义教育？这就是培养集体意识？说穿了，教师所以起劲，只是因为"集体荣誉"维系着他的个人名利。领导所以起劲，除了"左"毒未解之外，还因为这意味着下级对他是否尊重。

我们班的风纪分总是比较低，但我相信我的学生：他们的爱国，绝不亚于别人；他们的诚实，他们对于集体的热爱，却肯定胜过别人。

15. 方念念的故事

"三道杠"的力量

方念念（化名）生在六月六日，所以得了一个很中国、很好听的乳名——顺顺。

顺顺小时候过得可真不顺：因为抵抗力差，不是感冒就是哮喘，打针、吃药那是家常便饭。我在路上遇见她，十有八九是她妈妈抱着去医院吊水，或是刚从那里"受刑"归来。

"可怜的顺顺，又挨扎了？"

"唉，开春就喘。不挂水还好不了。"

"哭不哭？我家那小子，上回烧得路都走不动，病床上有气无力地躺着，哼哼唧唧的。盐水瓶来了，你猜怎么着？小东西蹭地跳起，球一样弹出医院，一轱辘窜回家，关上门，脚踩风火轮都没么快。结果硬是没吊成！"

"我们顺顺，挨扎都习惯了。一说要吊水，拿上书就走。好几个小时呢，有书她就不急了。"

"真乖，真坚强。看什么呢？《365夜儿歌》。好，到时候大家都读它，你就跳过去看别的。"——其时，顺顺刚四岁，父母早打听好了，女儿恰巧在我班上，一家人好高兴。

"顺顺，快，叫老师好。"

小姑娘抬起眼皮，软软地撩我一眼，没开口。

"算了算了,人家正难受呢,别难为孩子。"

"顺顺,这是薛老师耶——你将来的班主任,能给你'三道杠'。"

"老师好!"

"吭吭"跳

庆元旦,学校以班级为单位组织联欢。歌舞之后是跳绳,比赛两分钟里谁跳得多。

第一组选手上场了,五个家伙摩拳擦掌,提着绳子摆开阵势。负责记数的同学在对面站定,只等我掐表喊"开始"。

突然,一阵风过,响起一串猛烈的咳嗽。

"方念念,你下来。"

"不,我报名了嘛。"

"那也不行。运动是以健康为目的的,既然咳嗽,就不该跳。"

"不,我能跳!刚才是被风呛的。"

"你确信吗?"

"当然!老师,开始吧。"

"好。预备——开始!"

"呼呼呼……"

"一、二、三、四、五、六、七……"

操场上一片寂静,只听见绳子带动的风声和精确快速的记数声。方念念额外多一层累:别人都是一门心思只管跳,而她却是一边跳,一边嘴巴不停地数——大概是不放心裁判,怕给数少数慢了,惹得裁判大为不悦。

"吭吭吭吭吭……"

"方念念,这又是被风呛的吗?下来!"

"不,我能……吭吭……跳,七二、七三、七四、七五、七六"小姑娘连急带喘，边说边跳，脸涨得通红。

"财迷！"

"简直要钱不要命了！"

"就是！"

"明明病了还不承认。上午还打针呢！"

观众席上议论四起——还没等我上前，要强的小东西又咳得佝起身子。含着眼泪，万分紧张地看着我："老师，过去一分多钟了吧？吭吭吭……让我坚持，我还能……吭吭……跳。"

简直是可忍孰不可忍！我懒得睬她，只掉头朝她的记数员说道："一边玩去吧，方念念的成绩取消！"

这样，她才悻悻退场，垂头丧气地拖着绳子。走不到十步，一阵强烈的咳嗽由胸腔爆发而出——她不得不蹲在了地上。

半分钟后，第一小组比赛结束。我走到场边，小家伙正抹眼泪呢，也不知道那泪水是出于委屈还是因为咳嗽。"方念念呀，为一个练习本，值得吗？"我笑道。

"一个练习本……吭吭吭，也是奖品。其实，我真的还能……吭吭……跳！"

"哈哈哈哈"许多人笑得肚子疼。

"真感人！干脆老师送你一沓算了。说，你要多少本？"

"不要，我要自己……吭吭吭……跳来的！"

"还有一种可能"

因为学生读书多、见识广，也因为班级人数少，纪律好，老师都喜欢带我们班的课——社会课也好，自然课也好，信息技术课也好，思品课也好，课堂上不仅仅气氛活跃，易起共鸣；很多内容，都是在谈笑风生的商讨、辩论中完成的。一为体现自主性，二为乐得偷懒，有时侯，教师干脆将相对浅显的内容交由学生讲解，自己垂拱而治，只作适当点拨——方念念就常常充当这种义务教员。

那一回的自然课上，邵老师讲到"水的蒸发"。

"阳台上放了一杯水，没有人动它。一个星期之后，我再去看时，发现杯子里的水只剩下一半了，这是为什么？"

"蒸——发——"

大家异口同声答道。

"不，还有一种可能！"方念念举起手来。

"被小鸟喝了！"

"很好。这确实是一种可能。"

"我不能白练！"

大队部要举办诗歌朗诵比赛。

为了夺得佳绩，各中队积极准备。找诗、选人、初选、复赛——班主任忙得不亦乐乎。我却轻松自在，坐享其成：星期一布置"愿意参加的自己操练，星期五班会一次敲定。"

跃跃欲试者还真不少，作品也够丰富。难怪有人批评我们孩子"成人化"——《满江红》《短歌行》《生活多么广阔》《祖国啊，我亲爱的祖国》……相对于五年级的学生，真可谓老气横秋！当然，也有表现少年儿童在祖国怀抱幸福成长的，但它们博得的掌声远不及前类——对此，我要负很大的责任。

未经投票，我径直宣布选拔结果：孙添，《再别康桥》；杨默然，《沁园春·雪》；沈冠楠，《乡愁》。经常代表班级出头露面的熊伟、方念念双双落选，大约因为人都喜欢看见爆冷门吧，愕然之余，大家对此报以热烈的掌声。

我知道自己武断了，但这也是为了集体荣誉。我想制造黑马效应——第一，估计外班推出的都是熊伟、方念念之类的"熟面孔"，一样的表现，无名之辈更容易脱颖而出；第二，估计外班朗诵的都是颂歌性质的少儿题材，相比之下，我们的"货色"更经典，更合评委口味——因而获奖的把握也更大。

大赛结果证明我是"正确"的：杨默然、沈冠楠、孙添分别获得了高年级组的一、二、三等奖，我班成绩为全校最好——幸好是这样，否则，我很难面对方念念的抗议。

"老师，为什么没有我？"

刚一宣布，方念念就举手嚷道。

"你的表现确实很好，可老师有老师的考虑。为了班级荣誉，就谦让一次吧——你看，熊伟不就没意见吗？"

"我不管他！又不是民主选举，凭什么不叫我上？"

"喊！难道回回都该你出头？"

"霸道！"

"偏不叫她上！"

有人愤愤不平。

"我是经常上台，但那也是我刻苦努力的结果！"方念念听见议论，摆出一副斗士状，"为了参赛，我都练了几十遍了，我不能白练！老师你说，我哪一点不如他们？我要投票！呜——"说着，咧嘴就哭。

"叮铃铃……"我从来没有觉得下课铃有这么的悦耳动听！它救了我，也救了方念念——幼稚的孩子啊，她哪里知道，事到如今，自己已成为众矢之的，如果我答应民主选举，我就是在害她！

办公室里，她说出了"强烈抗议"的另一层原因："中午，妈妈叫我再练几遍。我不肯，说没人能超过我。妈妈说我一定会落选——现在真的没选上，她要骂死我了！"

于是，我打电话和家长交流，母亲深为担忧："幸好是您，换一个老师，她吃亏大了！这孩子太要强，真让我们不放心！"

我说:"今天的事情,错在老师。照我的逻辑,体坛就不存在邓亚萍、布勃卡、索普、乔丹了。我不该将所谓班级荣誉看得太重。集体是孩子的集体,一旦漠视学生意愿,集体荣誉也失去意义,变成木乃伊了。比赛下周一举行,这次只能这样了。以后,我一定改。

"不过,话又说回来了——同等条件下,让新人得到锻炼,这也是应该的。如果方念念是我的孩子,我会以为这样的挫折正是她所需要的。从长远观点看,一个各方面都很优秀的学生,如果因为上进和顺利而失去了为人处世的弹性,也不是好事。方念念五年级了,读书又多,这个道理我可以跟她谈。也希望家长凡事不要过分注重成败利钝,趁她还小,帮助她朝着能屈能伸的方向调节——这样,该独立时,你们才能放心。"

假小子

看见我弹琴、读书的样子,你们会说:"多好的小学生,多文静的小姑娘。"其实,你们错了!我是一个地地道道的假小子,我这个假小子,比那真小子还野十二分!

爱打爱闹,爱唱爱跳,走路连蹦带颠。男孩的游戏我都喜欢,男生不敢玩的我也敢玩,很多惊险刺激的玩法都是我发明的。

周末的下午,天气晴朗,正是飙车的好时节。张旭升飞快地蹬着车轮,挺起胸膛,在浩荡的春风中张开双臂:"来吧,春天,我要热烈地拥抱你!"

我喊道:"狂徒!小菜一碟,也敢炫耀。瞧我的!"

众目睽睽之下,我纵身上车,双手扶把,双脚蹬得飞一样快。

"喊,这算什么?更菜!"——话音没落,我就蹭的一下,闪电般跃下自行车,他们还没看清怎么回事呢,我已经稳稳当当地立在地上了。只见那辆失去控制的车子笔直地朝前冲去,人行道的对面有一堵墙——那是我事先瞄好的。减速、减速,最后车子不太猛烈地撞在了墙上,歪在了地上。

"哇塞!"

"酷毙了耶!"

四周一片欢呼。我踌躇满志,成大英雄了!有人咂着嘴缩到后面,有人急不可待地跃跃欲试:"我也来一个!"(《愉快的周末》)

读到此,我汗都出来了!一抬头,看见杨默然从数学组出来,"快,跑步前进,把方念念叫来。"

摇着一对羊角辫,小姑娘兴冲冲跑来了。我声色俱厉,好一通教育。"文章是好文章,可惜有一种危险的倾向。现在就拿去,加上我的谈话和你现在的想法——写好了,我给你满分加附加分!"

三分钟后的语文课上,我穷追猛打,以《假小子》为话由,对孩子们进行了一番安全教育。

发誓

都说我读书多,作文好,可我还没有发表过文章呢。夏璇已经在《昌河报》上刊登过两篇了。我悄悄地问她:"稿费多少钱?"她神神秘秘地吐出两个字:"保——密!"

"哼,有什么了不起。等我也发表了,看你还兴什么兴。"

于是我写,我投。终于,《东大门》刊登了!只高兴了半天,接下来的,就是漫长而焦灼的等待。每次妈妈下班回家,我都要问:"我的稿费呢?"——夏璇的稿费就是寄到她妈妈单位的。妈妈都给我问怕了。

盼星星,盼月亮,让我望眼欲穿的稿费终于到了!今天中午下班，妈妈一路小跑回到家里，一进门就扬着手里的票子嚷："顺顺，你的钱！"

我欢呼一声，扑上前去，掰开妈妈的手——"咳，才三块。气死我了！怪不得夏璇要保密呢！真倒霉，寄信花掉八角，再算上写作和打印的辛苦，我明明就是在做赔本生意嘛。哼，我发誓，下次不给他们写了！"（《稿费》）

对此，我深有同感。立场鲜明地批道："强烈同意！"

可是，方念念"发誓"没过多久，我在《昌河报》上又读到她的《我与名著》——从"三国"到"红楼"；从《简·爱》到《钢铁是怎样炼成的》，好一气高谈阔论。看来，她发表文章的欲望最终还是战胜了利益的计较。

孩子，究竟是孩子。

"我只是想告诉大家"

手抄报评比。第一个环节，投票选出三份"班级最佳"；第二个环节，评点手抄报。

首先发言的是张美君。

"我想谈谈十二号作品。从我这个位置看去，这份报显得格外悦目，不是因为色彩浓艳，而是因为它清爽、雅致。如果在近处细看，它的优点就更加明显：版面设计合理，字迹工整秀气，内容丰富，插图和文字配合得十分和谐。不少同学为图省事，把手抄报弄成了剪贴报，夏璇同学却花了整整两个半天，精心制作《昌河少年报》。一分耕耘，一分收获。我认为，夏璇同学拿第一是理所当然的。"

"说得真好！"我赞道。

大家纷纷举手。"方念念，你说。"

"老师，我想说说《迎国庆》。"

"又来了，就知道她要说自己！"有人撇嘴。

"首先声明，我不是在为自己争辩。我只是想告诉大家，就是这样一份只得了第四名的手抄报，我也是花了几天时间才弄出来的。首先，我得确定主题；然后，我得围绕主题找材料；最后，是将设计变为文字和画面。别的不说，单单为了'目前我们国家的领导人'这一栏，我就连看了三个晚上的《新闻联播》。"

"好意思说！自己孤陋寡闻怪谁呀？"有人嘀咕，声音还不小。我假装没听见，只看方念念如何回应。

"所以，我的感受有两点：第一，获奖的三位同学确实是最好的，我祝贺他们；第二，我也要祝贺所有没获奖的同学，包括我自己——因为我们都付出了努力，完成了自己的作品。而且，我们看到了差距，下次，我们会做得更好！"

掌声响起来。我大声说道："方念念，我也祝贺你！"

瞪起大而有神的眼睛，方念念莫名其妙地看着我，同学们也在注意地听。

"还记得去年的'我不能白练'吗？方念念啊，你成熟了，进步了。而这，是比拿几个第一都值得高兴的事啊。"

16. 不虚此生

如果我能使一颗心免于哀伤

我就不虚此生

如果我能解除一个生命的痛苦

平息一种酸辛

帮助一只晕厥的知更鸟

重新回到巢中

我就不虚此生

——狄金森

高个头,黑皮肤,板寸短发毛刷似的又硬又挺,脸是阴沉的,眉无端地拧着,向上看人的时候,额面竟然有两道不浅的抬头纹。"内向、倔强的家伙。没准儿,还是个刺儿头呢。"第一次照面,印象即很深刻。

他叫李江涛(化名),是六年级才转来的"新生"。然而,后来的事实证明,我这个"老班主任"的直觉是多么不可靠啊——这孩子,寡言少语,质朴友善,劳动积极,遵守纪律,跑步、跳远是他的强项。语文课上,他那持久的专注,常常令我吃惊。那是一尊雕像,坐落在最后的一排,双臂以固定的姿势,低年级小朋友那样地端端正正地交叠于桌面,目光定定地看着我,偶尔皱一皱眉——大约是听得吃力吧。大家开怀畅笑的时候,他也无声地笑了,黑脸红红的,眼里闪出光。最早止住笑的总是他——抬起头,目光定定地看着我——是那种真正的"如饥似渴"。

然而他却从不举手发言。哪怕是我特意为学习吃力的同学设计的简单问题。这令我很不满意，虽然师生一场只能是一年，可是，我想改变他——这里有责任感的作用，也有私心的成分——因为我喜欢他。他听课的状态，令我感到某种满足。

于是，上学期他可怜巴巴地写道：

"老师啊，您常常因为我不发言而批评我。您知道吗？我也想跟他们一样会说。可是，从小到大，我一直是讨厌说话，讨厌听人说话的。遇到不合理的事情，我喜欢用拳头解决，打得营（赢）就打，打不营（赢）就算了。现在到了这个班级，我发现这里的老师和同学都是这么的好。我的心，像冰一样的荣（融）化了。上语文课的时候，我才知道，说话是一件多么美好的事情，听人说话是一件多么幸福的事情。老师，我知道您替我急，可能吧，一直到了毕业的那一天，我也不会说话。就先让我在这里跟您说吧。希望您原（愿）意听。下次我要告诉您，过去的我，有多么坏。"（《老师，您听我说》）

因为他的字写得丑，我很少给他的作文写评语。我的功夫比较多地用在讲评上。但在那一篇作文的后面，我给他写了如下的话："你是我见过的最好的孩子。只要你愿意，你说什么我都喜欢听啊。"

就这样，他"随随便便"地写——随便随便地讲。讲他家的大水牛，讲父母都外出打工了，和奶奶一起过日子的种种感受——和"老生"相比，他的语言不够流畅，病句、错别字时或有之，但我喜欢读他的东西，喜欢那种扑面而来的淳朴和乡土气息。

这次期中考试，作文题目是《那一天，我……》。

《那一天，我真尴尬》《那一天，我没有哭》《那一天，我愤怒了》……学生可谓妙笔生花，作品可谓精彩纷呈，然而，让我久久不能释怀的，是李江涛的《那一天，我站了起来》。

全文如下：

自从那一天我站起来回答了问题，我的心里感到无限的快乐，因为我从来没有这么好地回答过问题。

我是一个生活在黑暗你（里）的人，那么孤独，那么沉默。我不喜欢和人说话，更不喜欢上课发言，因为我觉得说话是次要的，只要你懂了，会背了，就行了。然而情况不是这样的，班主任老是说："你说的对不对是次要的，你考多少分是次要的。因为死记硬背，做很多习题也能考到高分。可是，有什么用呢？你还是不会思考，你还是不会发表自己的意见。所以，课堂是一个战场，学习是一次冒险，你努力思考了，急急（积极）说出自己的想法了，就是取得了一次胜利。这才是最重要的。这样的语文，才是我们要的。"

当我听到老师这样说，我就直想流泪，我觉得心头微微一阵（震），我心里感到一阵发酥，我想立刻站起来发言。可是我不敢。

那一天，有一个人把我从黑暗的屋子里拉出来，让我看见了光明，看到了温暖。那就是我们的班主任。那天她喊我站起来，问我："从上学到现在，你受过老师的表扬吗？"我回答："有。"她又问："说一次给我们听。告诉我们，你为什么受表扬？"我想了想说："四年级的时候，有一次，全班人作业都不好，就我一个人认真写了，字很好看，老师就表扬了我。所以，我到现在还记得。"说完了，我站在那里。老师让全班人为我鼓掌，说我的回答很精采（彩）。

一阵掌声传入我的耳朵，我顿时觉得好温暖好光明。我在默默地想：以后我一定要经常回答问题。我看看老师，老师也在看着我笑呢。我想，老师你的这一笑，会在我的心里留下一个很大的痕迹，这个痕迹，是永远摸（抹）不去的。

老师，是你把我从黑暗里拉了出来，使我见到了光明，我会永远记得你所说的每一句话。

我真不敢相信，那一天我站起来了，我回答得那么好。

我记起来了,那一天,我们上的正是——《难忘的启蒙老师》。

沉浸于莫大的幸福。很久,我不能自拔——不愿自拔。

我想起刚刚读过的一首诗。

我对自己说:"不虚此生。"

辑 二

语文，美丽的生命之旅

1. 整体书空好

书空，即口中念着一个字的笔画顺序，用手指在空中写生字，这种方法在低年级识字教学中使用最多，对于帮助学生记忆字形很有益处。但它的缺点也是显而易见的，那就是单调枯燥，令人厌倦，听起来热闹，收效却不高。教师在实际教学中要看到这一点，在不同教学阶段，根据具体情况，灵活地指导书空，以达到取利去弊、扬长避短的目的。

在一年级上学期，所学汉字大多为最基本的独体字，这时孩子们对于笔画名称的接触也刚刚开始，新的笔画名称往往就跟着生字出现在学习内容中。这时候，我们有必要一横二竖老老实实地带着孩子们数着字的笔画书空，然后让学生在本子上认真书写，这对于学生掌握基本字的字形和汉字基本笔画、笔顺，都是有必要的。

随着识字量的增多，到了一年级下学期，生字中开始大量出现合体字。有的生字虽然不是合体字，但因为笔画多、结构复杂，也应当在教学中把它视为若干熟悉的"零部件"的组装体，这样一来，教学就顺利得多。因为这时候，我们遵循了"温故而知新"的古老而实在的教学规律。举例来说吧，在教"燕"字的时候，我让孩子们跟着我一边念，一边以极快的速度书空：

一写草头横，二写中间嘴，三写两边北，四写四点底。

拿这种以已知熟字为"构字部件"的书空方法和一般意义上的数笔画书空相比，其高下优劣是可想而知的——如果用以前的方法，孩子们要从"一笔横"一直说到"十六笔点"！后者单调乏味，且不能反映字的间架结构，一不留神就会把数字说错。当一篇课文的所有生字都这样一笔一画地书空下来，学生会累得舌干头晕胳膊酸，大量的时间也就在这有口无心的"诵经"声中被白白消耗掉了。书写生字的作业还得带回家去，既加重了课业负担，又无法保证作业质量，因为教师没有时间指导他们——而这种当时当面的书写指导，对低年级的学生是十分重要的，是教师语文教学的分内之责。

当我们在教学中尽可能地从整体入手，运用已学过的字指导学生利用"部件"来识字时，生字便不生了，记忆的速度和强度都有了很大的提高；另一方面，我们也节省了时间，使学生能在课堂内完成抄写生字的作业，既减轻了课业负担，又保证了作业质量，还避免了学生对生字教学乃至对语文课的厌倦，可谓一举多得。

值得一提的是，如此这般的一段时间下来，黑板上一有生字，我的学生就开动脑筋，自己编起了速记口诀，我觉得他们的作品比我的要高明许多，也有趣得很。还是让我举两个这样的例子来结束此文吧——

"热"，因为他们在看动画片《樱桃小丸子》时认识了"丸"，所以他们是这样说的：

一写提手旁，二写小丸子（一片开心的会意的笑声），三写四点底，就是一个热！

"着"，因为当时大街小巷都在放任贤齐的一支歌，这帮小萝卜头听得耳熟，就连说带唱的念出这样的书空口诀：

上边的羊尾往左甩，下面的眼睛看过来！

2. 挤干作业的水分

作业的分量和难度要适当。小学一年级一般不留书面家庭作业，二、三年级每日课外作业总量不超过30分钟，四年级不超过45分钟，五年级不超过1小时。(1993年《国家教委关于减轻义务教育阶段学生过重课业负担，全面提高教育质量的指示》，下文简称《指示》)

我知道：有人认为，这样的指示是空谈，甚至是笑话。我更知道：正是过重的课业负担，使学生变得厌恶学习，使教学变得沉闷低效，使教师工作变得事倍功半——学生的负担又何尝不是教师的负担！

学习语文的根本途径在于大量的、高品位的阅读，而广泛的阅读则需要充裕的时间和宽松的心境作保证，这就需要教师开动脑筋，挤干作业的水分，使学生的学习变得精练、高效。下文所述，正是我在这方面的一些体会。

不搞满堂灌，给学生留出吸收消化的时间

这一点在低年级尤为重要。因为此时学生的自制力原本就差，一放学，心思就散得差不多了，回家完成的作业是很难有质量保证的。学生当堂作业时，出了错误教师可以在巡视中及时发现并予以纠正。这样做的效果必然优于批改之后的订正，因为前者是对作业过程的动态了解，后者是对作业结果的静态检查，而诸如执笔姿势、笔顺、间架结构之类的差错只有在学生做作业的过程中才能被发现。

需要强调的是：书面家庭作业的布置，一定要遵循《指示》的规定，经历一个从无到有、由少而多的渐进过程，这样才能把学生引上路，使其学习自觉性得到循序渐进的培养。有教师从一年级就开始为学生的作业头疼，也有学生最终也没能养成良好的作业习惯，其中一个重要的原因就是：教师在起始阶段的扶助工作没有做好，一步踏空，步步趔趄——这样一个由扶到放的过程是不可跨越的。

高年级也一样。哪怕是三五分钟，也要在课堂上留点时间让学生咀嚼课文，质疑问难，做作业——当然，这时候他们不可能在课内完成作业，但是即使只做一两题，他们也需把整课内容在脑子里过上一遍，这就叫"趁热打铁"。

关于字词抄写的遍数

在小学阶段，适当的字词抄写是必不可少的。然而，掌握词语的主要途径在于阅读，在于从千变万化的语言环境中得到体悟。随着年级而增长的，首先应当是阅读能力和阅读量，而机械抄写在作业中所占的比例和它的遍数则应当递减。

其实到了二年级，生字即大多为合体字，其中又以形声字居多——试想，学过了"成"再学"城"和"诚"，学过了"容"和"华"再学"榕"和"桦"，所谓的生字，其实已是半熟，抄写的遍数也应当较从前而减半，三遍四遍足矣。

"归类识字难上，教和学都累"，这样的抱怨经常听见。因为教师低估了学生的能力，学生的课外阅读又没有跟上，所以教师讲得太多太碎，学生仍像一年级似的，一个生字写一排（至少九遍）。这就凭空增加了学生的负担，且压制了其思维能力的发展。

关于生字音节的抄写

拼音乃注音工具，凭借它，学生能够识字阅读，其作用就达到了，原本没有抄写的必要。如果为了强化记忆，或者为了帮助区别容易混淆的声母、韵母而让学生抄音节，一遍两遍也已经足够。但是我看到，在很多学生那里，生字拼音一起抄，一抄就是一排——也不怕喧宾夺主，冲淡了对生字的记忆。上新课的时候是这样，学期结束总复习的时候还是这样。这说明一课上完了，学生不会写不会读生字，到一本书上完了，这些字学生还是不会写不会读！真是教师张张口，学生写断手。这种作业是对教师的讽刺。

可以口头完成的作业不必书面再做

第11册第12课《鸟的天堂》课后习题：
作者两次到鸟的天堂所见到的有什么不同？课文是怎样描写的？

同册第13课《草原》课后习题：
初到草原和快到目的地时，看到的草原景象是怎样的？举例说明哪儿讲的是事物的静态，哪儿讲的是事物的动态？

之所以要举同一册中相邻两课的思考题为例，是为了说明类似的题目在教材中很多。如果挤干了其中的水分，对学生将是很大的解放。此类题出题的目的在于考查学生对课文的熟悉程度，使学生掌握学习重点。此类问题的答案大多就在课文内，如果书面解答，就需整段整段地抄。我认为，与其抄一遍，不如用问答法或引读法让学生把相关的内容读几遍，这样做，不仅轻松省时，而且效果更好。

不要擅自增加背诵任务

需要背诵的内容课后都做了布置，这些任务是精当的。可是，往往因为考试中会出现超出范围的"按课文内容填写"，为了保险，就有教师给学生额外增加背诵任务：或把背诵一段扩大为背诵全文，或自行划出"重点段落"令其背诵，或者干脆要求除了独立阅读课文全书都背！于是，学生陷入"苦背"的泥沼不能解脱。

学生背得累，教师查得也辛苦，有时候课程已经上到了老后面，学生还在参差不齐、跟头把式地补背前面的课文。这种看似保险的做法其实很愚蠢，因为它弱化了对重难点的理解掌握，干扰了对新知识的接受，在使学生不堪重负的同时也降低了学习效率。再者，从文采的角度而言，课文的艺术水平是参差不齐的，没有区别的一律背诵使学生丧失了养成鉴赏能力的机会。

不能抄的题目

举例：纠正下列词语中的错别字。

再接再励（　　）　　冲烽陷阵（　　）　　戒骄戒燥（　　）
祟山峻岭（　　）

这样的题目学生往往不容易全做对。在订正的时候，常有教师让学生把题目——错误的词语抄写下来，然后再订正。于是辛苦一场的结果是正负效果两相抵消，对一部分学生而言，订正了等于没有订正；对另一部分学生而言，订正了还不如不订正，这不是很冤枉的事情吗？为什么不让学生就将正确的写法抄若干遍呢？

同属不能让学生抄写的题目还有：修改病句、判定正误、选择正确答案等。

绝不布置惩罚性的作业

在正常的订正之外，错一罚十，错一罚百，错一题将整张卷子抄了重做，错几题就抄几遍。这种铁石心肠的做法绝不限于语文，不少教师把它当作了制服学生的杀手锏。它作用于学生的，只有学习障碍和身心伤害——这一点，对教师来说应是起码的常识。酷爱此道的人，需要提高的，首先是职业道德，然后才是教学水平。

罚写不是作业，原不属于本文的论域，但鉴于罚写之风正呈蔓延之势，学生苦不堪言，家长敢怒不敢言。我要在此指出：罚写是一种变相的体罚，其副作用往往比体罚更大。这种泄愤式的"作业"无论是对学生还是对教师自己，都是有百害而无一益的，实为广大同行所万万不可取。

挤干作业水分、减轻课业负担的前提是提高授课效率，目的是腾出时间引导学生进行广泛的课外阅读，而大量的课外阅读又为减轻负担和提高效率奠定了坚实的基础。

二年级的时候，连同儿歌在内，教材课文不过 50 多篇，但在课余，我的学生已经把《365 夜儿歌》《365 夜日记启蒙》《365 夜作文启蒙》读得烂熟。试想，有了这样的根基，语文教学要不轻松都很难——良性循环一旦形成，享受着轻松愉快的又何止是学生！

我相信，随着年级的增长和阅读量、阅读能力的提高，我今后的教学将更加轻松，《指示》所规定的目标是完全可以达到的。

3. "老师的玩笑开大了"

第四单元，我最喜欢《童年的发现》。

梦中飞翔的快乐，小孩子刨根问底的固执，九龄童关于胚胎发育的探究，年轻女教师讲解人体发育的严肃……一切的一切，读来是那样健康自然、亲切诙谐，如同柔嫩的春草撩绕鼻间，实在令人忍俊不禁！

我在九岁的时候就发现了有关胚胎发育的规律，这完全是我独立思考的结果。

听完这句话，你大概忍不住会哈哈大笑。愿意笑你就笑吧，反正笑声不会给你招来祸患。我跟你可不同，事情过去了三年，有一次我想起了自己的发现，情不自禁笑出了声音，竟使我当众受到了惩罚。

我的发现起始于梦中飞行。每天夜里做梦我都飞，我对飞行是那样迷恋，只要双脚一点，轻轻跃起，就能离开地面飞向空中……

……

这时候，我清清楚楚听见老师说，按照进化论的观点，母腹中的胎儿再现了从简单生命进化成人的过程。当时教室里安静得出奇，大家都默不作声。我忽然想起了自己的发现，情不自禁地笑出了声音。老师狠狠地瞪了我一眼。

……

"奥尔加·伊万诺夫娜，我……我想起了自己的发现……"

……

"费奥多罗夫！……你立刻从教室里出去！……"

边读边笑，边笑边议，整节课，教室里笑声不断——这就是好文章的魅力啊。笑声中，我们感动于儿童的想象和思维，更感觉有一种健劲豁达如秋阳一般注入我们的心灵——而这，对孩子，对自以为懂得了"人生事不如意十之八九"的我来说，都弥足珍贵。

不过，被轰出教室，站在外面，我倒想出了一条自我安慰的理由，我明白了——世界上重大的发明与发现，有时还面临着受到驱逐和迫害的风险。

这是一段"点睛"的文字，关于它，我当然可以从献身真理的角度，大谈阿基米德、哥白尼、伽利略、布鲁诺……但是我没有多说，我不想让悲壮和崇高破坏了我们"简单"的快乐。作为语文教师，自愿和不自愿的，我已经带他们"用心"领悟过太多发人深思、催人泪下的道德文章，现在面对《童年的发现》，面对这难得一遇的"笑看人生"者，我只希望他们由此懂得：人生在世，是很需要一些抗击力和幽默感的。大原则不能放弃，小委屈不妨消解。这对自己对别人都有好处，否则，你将失去许多生活的快乐——就说奥尔加·伊万诺夫娜，如果将她置于"我们今天的"教育讨论，必定招来一致的口诛笔伐。这种声讨，这种"说法"，当然很公平也很正确，但是，这样的众口一词和义正词严，在令教师动辄得咎、心惊胆战的同时，也使我们的孩子失去了对风吹雨打的体验和学会自嘲的机会。

"同学们，这篇课文篇幅不短，可我们读来却感觉不长，为什么？因为它的叙述是轻快的，它的情绪是愉悦的。可是，我们仍然可以为它划分层次并说明理由。谁来做？声明一点，薛老师今天想当一回不问曲直的奥尔加·伊万诺夫娜，谁答得最好，我把谁撵出去罚站！这可是一份莫大的荣幸啊，因为这样的事，薛老师从没有做过。"

孩子们的兴奋到了极点！他们以前所未有的热情投入思考。很快，他们纷纷举手。结果，由于层次的划法原本就不是唯一的，加上他们的陈述都好，实在难分伯仲。发言的四位颇有些骄傲地站定，看着我；观众饶有兴趣地窃笑，看着我。

"怎么办呢？你们四位谁愿做费奥多罗夫？"

"我！"

"我！"

"我答得最顺畅。"

"我是第一个发言的！"

"哈哈哈哈……"全班人齐声大笑，他们"不怀好意"地看着我，看着为难的"奥尔加·伊万诺夫娜"。

"坏了！老师的玩笑开大了！你们的回答确实都很棒，但我总不能叫你们都出去吧——而且，并非人人都像我们这么懂得幽默的，传出去，人家会说我们这个班，从老师到学生都不正常！"

"那就算了吧！"有人体谅道。

站着的四位万分遗憾地坐下。

"不行，老师岂能言而无信呢？在平时，你们做事失了分寸，都是要挨批的。现在，既然是老师的玩笑开过了头，老师就该受罚。"

"老师出去！"有人情不自禁喊出了声。

"对，罚薛老师的站！"

"哈哈哈……"

"得令！"

"就快下课了，七八分钟而已啦！"偷偷瞄一眼手表，不无得意的，我这样卑鄙地想。

将作业写在黑板上，拉开门，再轻轻关上，我到走廊的墙角站定。隔着窗子，他们每个人都能监视到我的一举一动。我听见，背后先是"叽叽喳喳"，接着是出奇的安静——他们已经撇下我，自顾写作业了。我没有回头，罚站就得有罚站的样子。而且，我已经入定：头、颈、脊椎和双腿挺直,全身重量均匀分布于双脚,两手轻贴裤缝,摒除一切杂念,均匀呼吸——这是张蕙兰老师教给我的瑜伽入门之"山立功"。

只是我不知道,自己所扮演的角色,是奥尔加·伊万诺夫娜呢,还是费奥多罗夫?

4. 可以复制的幸福

课堂"高潮",是师生共有的幸福时段。从心理学的角度说,它是一种高峰体验,令一切语文教师迷恋不已。

既是高峰体验,就具有某种程度的不确定性,其降临有时是意想不到的——那时,你像有圣灵落在肩头的耶稣,兴奋莫名,魅力闪烁;你是磁石,课堂因你的存在而成为神奇的作用场,学生和你仿佛是一体。兴奋也好,激动也罢,磁化般轻易地传达给在座的每一位学生,有时还有同行、专家。在这种特殊的氛围中,什么目标、重点……通通变得苍白无力。一堂课下来,亲历其境的所有人,都将记住令他心动的所有细节:学生的一颦一笑,教师的一言一行,以及自己的陶醉。

而有时,尤其是公开课,到了设定环节,教案里激动人心的台词都念出来了,学生和自己却"兴"不起来。场面之冷令人尴尬。可是,没人会笑你,因为这样的情形谁都有过。

真有几分可遇不可求呢!这种"偶然性",让公开课的执教者忐忑不安;也正是这种"偶然性",使课堂教学可以成为一门艺术。真正的艺术杰作,它和工业制品的不同,就在于它融入了创造者鲜明的个性特点,具有某种不可言说、不期而遇的神秘感。

工作中缺乏高峰体验的人不仅是不幸福的,而且是不健康的。他们陷于习惯性的疲惫不堪和习惯性的心灰意懒不能自拔。柯林·威尔森在《心理学的新道路》中告诉我们:高峰体验是可以复制的,因为从本质上看,高峰体验就是能量的溢出。所以,我们看到,愈是学养深厚、水平高超的教师,课堂"高潮"就愈易出现,师生共鸣就愈为频繁强烈。

在优秀教师那里，年复一年、届复一届的岁月流转，不是周而复始、机械推进的程序，而是对高峰体验的不断复制。

备课备到《开国大典》，我掷卷长叹：这么陈旧，这么刻板，动辄"中华人民共和国中央人民政府"，连教参都说，"由于年代久远，今天的学生很难体会当时人们的幸福自豪，通过分析讲解，激发这种情感，是教学的重难点。"

谁也不怀疑"当时人们"的幸福自豪，可是六十多年过去了，在这大半个世纪中，中国发生了太多事情，世界发生了太大变化，人们的思想也远非从前可以相比。不要说学生，就是我，都早已麻木啦。自己不动，何以动人？这种传递意识形态的文字，实在应该放进政治教材，搁语文书里，不是为难我吗？算了，将目标定在最低点——读一读，议一议，完成"教学任务"而已啦。

新课开始了。第一项，检查预习。任务很简单，将《开国大典》读得正确流利就行。"书读百篇，其义自见"——文言尚如此，何况是白话？所以，无论什么课文，只要预先读熟了，教学自然轻松。同事们都说，我的课上得"飞一样快"，原因之一就在于此。

一个问题：如何保证预习（或者"预读"）质量？在我这里，措施无外乎两招：威逼和利诱。

威逼就是罚：抽查，朗读不够正确流利的，抄约三百字的课文或片段。这是硬的一手，比较低级，是从"下方"堵住懒惰行为。

利诱则是：读好了，检查结果令人满意了，薛老师才肯开讲——而我的"讲"，是学生想听极了的！所以，如果抽查在某人那里卡壳、返工，耽误了教学时间，败坏了老师情绪，那个倒霉蛋在被罚抄之外，还会遭到大家的白眼。"老师也需要鼓励啊！请用你们的表现告诉我：你们是爱语文的。"当学生意识到：他的努力，其实也是在帮助老师的时候，自豪感溢于言表，积极性高涨——这是软的一手，比较高级，是从"上方"激发能动性。

就这样,两边夹击之下,很少有人敢于不在课前将课文读得顺溜。

文中有很多政治词汇,长句特别多,朗读难度大,为了教学顺畅,也为了养护自己的情绪,我特意点了四名读书最棒的学生。

先个别,再全班——初读按典礼前、典礼开始、阅兵式、群众游行的顺序逐段进行。个别朗读和集体朗读交叉进行,一为防止有人滥竽充数,二为防止总是一人在读,大家歇得松弛了。对下一步的"讲"而言,这既是认知准备,也是情感酝酿。

第一个点到的是熊伟,他坐在倒数第二排。"大点声。让台上的薛老师听见!"

挺一挺胸,孩子朗声读道:

1949年10月1日,中华人民共和国中央人民政府成立,在首都北京举行典礼。参加开国大典的,有中华人民共和国中央人民政府主席、副主席、各位委员,有中国人民政治协商会议全体代表,有工人、农民、市民、学校师生、机关工作人员、城防部队,总数达三十万人。观礼台上还有外宾。

尖子生就是尖子生。三年级便读《苦儿流浪记》和《凡尔纳科幻小说》的人,四个自然段读下来,竟无一字出错。寂静中,清脆的童音传达出严肃、激越的感情——仿佛上帝给亚当吹进生命的灵气,由于读,原本"干瘪无味"的文字,现在变得饱满而有韵致了。

到了正午,天安门广场已经成了人的海洋,红旗翻动,像海上的波浪。

话音未落,正襟危坐的同学们便有清嗓子的。他们知道,熊伟表现出色,可以"照样子"齐读了;而且,他们被熊伟撩得技痒,很想放声一读。

显然，大家的准备都很充分，齐读是一样的正确流利，而且因为"齐"的缘故，更富韵味，更多气势。

乐队奏起了中华人民共和国国歌——《义勇军进行曲》。正是这战斗的声音，曾经鼓舞中国人民为新中国的诞生而奋斗。接着，毛泽东主席宣布："中华人民共和国中央人民政府在今天成立了！"
……

升旗的时候，礼炮响起来。每一响都是54门大炮齐发，一共28响。起初是全场肃静，只听见炮声，只听见国旗和许多旗帜飘拂的声音，到后来，每一声炮响后，全场就响起一阵雷鸣般的掌声。
……

毛主席在城楼上主席台前边，向前探着身子，不断地向群众挥手，不断地高呼"人民万岁！""同志们万岁！"

这是我的第四届学生。这是我第一次教学《开国大典》。这些文字，这些文字所描述的场面，对1960年代出生的我来说，早已烂熟于心，早已经失去了感染力。可是现在，陈积的倦怠，预见的障碍，都因学生的朗读而烟消云散——一直以来，都是我在引导他们，激发他们；今天，我的一颗昏睡的心，却因他们而复苏。

《在升旗仪式上》《当国歌响起的时候》，作为语文教师，谁没有布置过这样的作文？交来的文章，自然千篇一律。面对如出一辙的"联想"，我付之一笑：学生在糊任务，教师又何尝不是呢？无奈！谁也没有当真——从前我以为。

那样的文字，我也写过，只是记不得当时是否言出于衷。可是今天，我真的激动，真的浮想联翩了。当铿锵有韵的童声震荡耳鼓，我结茧蒙垢的心也经受了撼动和洗礼。我想起了赵一曼的遗子书，想起了瞿秋白的"此地甚好"，想起了陶承的《我的一家》，想起了《江姐·绣红旗》……这是久违了的神圣感，理应由我传达给学生的，现在却由学生传达给我了!

意外、惭愧、幸福、感奋!我知道,赐予我高峰体验的,是我不曾领悟的文字之美和我挚爱的学生。这一刻,我强烈感受到自己对语文,对学生的爱;这一刻,我更加坚信:只要我愿意,幸福是可以复制的。

晚上九点半,游行队伍才完全走出会场。两股"红流"分头向东城、西城的街道流去,光明充满了整个北京城。

因为读得太投入,全文结束,学生还沉浸在亢奋中——端坐着,双手捧书,抬起头,目光灼灼地看我。他们被自己感动了,他们知道自己读得多么好,他们有理由要求老师回报他们同等质量的"说"。

肃立讲台,以着火的目光迎住了孩子们的期待。我开口了:

"语文万岁!同学们万岁!……"

5. 给我一个班，我就心满意足了

在学校，我每天都要"发声读"一小时左右，且读无定所：办公室没有其他人，我自可放声朗读；有人，我就去走廊——大家早就见怪不怪了。刮风下雨或者阳光暴烈、寒冷难当的日子里，我就去空教室——总有一两个班正上体育、音乐、电脑课的。

上课，我肯定是要带上"读本"的。考试和作文这样的黄金时段自不必说——学生预习、练习、背诵、讨论，只要有五分钟以上的时间，我就在台上端坐而读。下面安静，我的声音就极低；他们热闹，我就放开了嗓子。

一两周一更换，当我更新读本的时候，总有学生跟着买、跟着换：《朝花夕拾》《悲惨世界》《论语》《张晓风散文》……而《苏菲的世界》，竟然有六个学生同时读，他们还告诉我："不太懂得，古希腊人的名字好难记。什么唯心唯物的真绕人，薛老师，我发现，它其实不是一本故事书！"孩子的语气里有抱怨的成分在。我笑了："老师三十多岁读它，也是读了两遍才基本弄通的呀。先放在书架上吧，到了高中——如果你够聪明，也许到初中就能读懂啦。"

这种现象，我称之为熏陶，称之为"种下美丽的种子"。我总认为，比起到边到角的课堂教学，这种朦胧的好奇和喜欢，同样可贵。从私心里说：我之所以敢于在教学上玩潇洒，也是有恃无恐的，因为我的学生早已走出教材的方寸之地了。

教三年级的时候我说过：课外阅读的步伐一旦迈开，你们将渐行渐远。总有一天，不是老师向你们推荐读物，而是老师从你们这儿发现好书；总有一天，你们中间的优秀者将会走出我有限的视野。

方念念正读《我们仨》，我准备借来翻翻。开学以来，我读的是《情人的礼物》。定价0.6元的一本小书，纸张已经发黄发脆。初读时，我在扉页上还题了几句"诗"，落款是"1985年11月8日晚9点"——那时候，我刚刚20岁，刚刚参加工作。这几天，我总情不自禁看看这一页，有一种恍如隔世的感觉。

书中有多处批注和感想。那些当初感动我的依然感动我，而当初没有留下阅读痕迹的，现在则深深打动我的心，比如：

在这奢华的春天的阳光里，我的诗人，你该歌唱那些人：他们走过而并不流连光景，他们且笑且跑而绝不回顾，他们在一个钟头的无端喜悦里开花，在片刻之间凋落而毫无懊悔。

你别默默地坐下来，作念珠祷告似的追忆过去的眼泪和微笑——你别驻足拾起昨夜的花朵今朝的落瓣，别去寻求那躲避你的事物，别去探索那难以明白的道理——且把你一生中的空隙留在原地，让音乐从空隙的深处涌将出来。

"好书耐得千回读，经典是值得用一生的时间去品味的呀。"我幸福地长叹。

学生照例想知道老师读的是什么。估计这次，他们比从前有更强烈的好奇心——让薛老师摇头晃脑、沉醉不已的，是怎样的一本小旧书呢？第一排的孩子盯着看，然后失望地和后面一排的孩子交流几句，接着写作业。

不是从前那种故意让学生看清楚封面"大开"，而是将封面和印着书名的封二卷起来的"半开"。还挺麻烦的，我有一种鬼鬼祟祟的感觉。我问自己：有必要吗？这是一本不能让小学生看见的书吗？

思考的结果，是我为自己的"正统"感到羞愧。我对自己说："你想遮挡的是什么呀！就凭这样的境界，你也配读《情人的礼物》！"

感谢网友铁皮鼓,他说他把自己所有的文章都读给学生听,他拿那当发表——于是,我也更多地给学生读我的文章,但不是全部,毕竟他们是小学生。

感谢网友芷眉,她所在的金茵学校专门开了阅读课,她就在课堂上给孩子们读《吉檀迦利》。这是我没有做过的,我一直是自顾自地读——于是,我给他们读张晓风的《许士林独白》和《寻人启事》。安静的教室里,我将我的嗓音压到很低——越低他们越听得入境。

在这两种朗读中,我和学生得到了巨大的满足——我和学生也被激起更大的渴望。现在他们是六年级,我已经做得太迟,我是在亡羊补牢。

13日,周末。下午的阅读课上,三个孩子向大家朗读一周来读到的最精彩的文章——孙添的《醉翁亭记》熟到几乎能背;夏璇和李子涵分别朗读了散文《哪怕他是上帝》和《超越》。

该我了。安静中,我怀着半是虔诚、半是负疚的情绪,双手擎书,将封面端端正正地朝向前方,走向他们——好让他们每个人都清楚地看见书名。

"孩子们,这就是老师几天来反复朗读的一本书,它是泰戈尔的《情人的礼物》。"

有人捂住嘴笑了,互相交换着暧昧的眼神。

"我知道你们都知道——明天是情人节。李老师刚刚收到男友请快递公司送来的玫瑰,你们有人也看到了。因为明天是周末,所以,我要在今天,在情人节前的这个特殊的日子里,让你们记住这本书,让你们都去读这本书。

"我必须承认,做这件事情之前,我是经过一番思想挣扎的。原因不用我说,你们也知道!"

他们的表情变得明朗和专注起来,朝着我,会意地笑了。

"现在的我,很为自己前些日子在你们跟前的遮遮掩掩而感到惭愧。如果是你们不能读的,我就不该带到教室。我怎么愚蠢到以为这样干净美丽的文字不适合你们呢——在低年级，你们每个人的小脑袋就装满了《灰姑娘》《白雪公主》《海的女儿》《青蛙王子》……而现在，就在你们中间，有正努力忘记《还珠格格》的"燕子迷"，有能将《大话西游》台词倒背如流的"星驰迷"，你们中间更有周杰伦、孙燕姿、蔡依林、王力宏的追星族。而你们中间的优秀者，已经读过《乱世佳人》《简·爱》《茶花女》《穆斯林的葬礼》，会背《诗经》开篇的《关雎》。在这种背景之下，你们的语文老师，竟然担心《情人的礼物》会给你们带来负面影响——我真是蠢得可怜！

"爱是世界上最纯洁最高贵的情感，爱也是世界上被污染被糟蹋得最严重的字眼儿。爱是博大的，可以是亲情之爱，师生之爱，同学之爱，朋友之爱，可以是对大自然对一切有生命无生命的美好事物的爱——当然包括了男女之间的爱情。《情人的礼物》是一本关于爱的好书。在这里，你可以根据自己对于爱的体会，读出不同层次不同广度的意义。你的心胸有多么广阔，你的收获就会有多么丰厚。

"老师刚刚发出一封短信，我选取了一段话，送给一位负着重担奋斗的网友。现在，我读给你们听，你们也许懂也许不懂，这都不要紧，因为老师也是刚刚才读懂它的。

我的镣铐啊，你在我的心里响起音乐。我整日价和你游戏，把你作为我的装饰。我的镣铐啊，你是我朋友中最好的。有好几次，我是害怕你的，但我的害怕使我更加爱你。你是我黑暗长夜的伙伴，我的镣铐啊，在我同你告别之前，让我向你鞠躬致意。

"从小到大，关于读书，没有人给老师作过指点，老师和那些好书的认识有很多偶然的原因——为此，老师无数次感谢命运对我的厚爱。现在，老师最想做的，就是借着一个岗位的便利，一本教材的掩护，带你们结识你们应当享受的人间好书。将来，你们中间必定有人和我一样，一再读起、一再感动于《情人的礼物》。那时候，不管你们是正值青春，还是年富力强，甚或两鬓斑白，如果你们中有人抚摸着那本旧书，想起来是在六年级的时候，是在薛老师的班上，听说了这本书，开始读这本书——哪怕只有一个人，我也会有感知的。我当那是生活给予我的最高褒奖！

"现在，再读一段给你们听。这是我20年前就深深陶醉的。你们可以拿它和你们在歌词、影视及《幻城》《我为歌狂》这类小说里读到的爱的表白相比较。

如果我拥有天空和空中所有的繁星，以及世界和世上无穷的财富，我还会要求更多的东西；然而，只要她是属于我的，给我地球上最小的一角，我就心满意足了。"

教室里出奇的安静。恍忽间，我觉得，凭着这一卷旧书，我和我的学生已经出离现实，到达一个完全不同的无比静谧、清新、美好的所在。

我又读了一遍。然后说：

"如果给我丰厚的收入，以及足够高的职位，我还会要求更多的东西；然而，只要他们是爱我的，给我一个班，我就心满意足了。

"孩子们，老师热爱生活。老师当你们，是生活送我的——情人的礼物。"

6. 要怎么掘，便怎么掘

初春的阳光薄薄洒照，背后的人语喁喁起落。我立在空无一人的走廊上。

护栏的两端水泥砌就，高矮适度，长宽相宜，仿佛是特为我设的书案。聪明的我，将《古文观止》垫在《新月集》的一头——这样，我就不必过于俯首；这样，我的颈椎就松快了许多。

楼下的桃花开了几朵，因为少，更显亮眼别致了；尽职的民工沿墙开沟，隐约听见了读书声，时或抬头看看，然后兀自干活——我想，一个月了，他们早已见怪不怪。

这就是"当时情境"。一切的一切，于温煦宁静中，融作和谐朴素的背景，只为了让我感叹于如下的句子：

下午四点钟，我从学校里回家。

从一家门口，我看见一个园丁在那里掘地。

他用他的锄子，要怎么掘，便怎么掘，他被尘土污了衣裳。如果他被太阳晒黑了或是身上被打湿了，都没有人骂他。

我愿意我是一个园丁，在花园里掘地，谁也不来阻止我。（泰戈尔《职业》）

我笑了。想起昨天下午的辩论："开卷是否皆有益"。

多么有趣啊——说着说着，双方都丢掉了自己的立场，捍卫起对方的观点来。

当反方提出"开卷未必有益，我们最好读中外名著"时，正方一号拍案而起:"反对!即使是名著,也不是都适合我们少年儿童。比如《查泰莱夫人的情人》《十日谈》《黄金时代》,我们就最好不要读!"

反方不甘示弱:"我们说的是开卷,又不是读进去。我打开了,看一眼,觉得好,就读;觉得是色情的或者暴力的,就不读。如果因为害怕受到不良影响,遇到什么书都不敢开卷,那就除了课本,什么书都不要读了!"

正方:"谁说的?有老师和家长可以为我们指导啊!"

反方:"请问正方同学,我们班很多人的爸爸妈妈还没有我们读书多,怎么指导?再请问正方同学,很多语文教师不是像薛老师一样博览群书,怎么指导?所以我们说开卷有益,我们要在开卷中培养知道什么好什么不好的能力!"

"哈哈哈,你说的正是我方的观点啊——多谢多谢!"正方一辩方念念首先反应过来,笑得眼都亮了。

"那我也谢谢你对我方的无私援助!"杨默然针锋相对,反手一击。

哈哈哈哈……

这是我的园地,在这里,我以我的方式经年累月地经营。没有奇花异卉,也看不出谁是"栋梁"(我跟孩子说,不许说要做栋梁的话,因为你们是人),我甚至不敢过分乐观于他们将来的语文学习,但对我而言,最重要的是——在属于我的六年里,这里的野花灼灼绽放,这里的小树生机蓬勃!

于是,我觉得自己很是富足。

我不止一次地说:"就要读中学了。面对你们,老师的心里日浓一日地涌动不舍之情。仿佛刚刚收获,你们就离我而去!"

我说教学《猴王出世》需要用到《西游记》的歌词,于是有孩子上网搜索了给我;我说我常在语文网发帖,于是有人登陆了向我问好:"完蛋!我怎么找不到薛老师的文章!"

转来的"新生"兴奋不已。

"你肯定听说过球迷为球星而疯狂,你也一定见过歌迷为歌星而疯狂,可是你一定没有见过有学生为语文而疯狂的!"(李子涵《疯狂语文》)

"老师啊,您常常因为我不发言而批评我。您知道吗?我也想跟他们一样会说。可是,从小到大,我一直是讨厌说话,讨厌听人说话的……上语文课的时候,我才知道,说话是一件多么美好的事情,听人说话是一件多么幸福的事情。老师,我知道您替我急,可能吧,一直到了毕业的那一天,我也不会说话。就先让我在这里跟您说吧。希望您愿意听。"(李江涛《老师,您听我说》)

他们中的佼佼者,曾经这样写道:"同学都在读《我为歌狂》和《幻城》之类的校园小说,一堆一堆谈得好开心!于是我也借来读,可是实在觉得没劲,我根本读不进去。就只好去读我的《简·爱》了!我是喜欢热闹的,我一定要带动他们和我一起读名著。那样,我就不寂寞了!"

读到这里,我放声大笑。因为在这小小的园地里——开始有人帮我掘地了。

不无狂妄地,我对校长说:"现在的我,即便一两周不上课,他们中的大多数语文也在进步,因为他们都在读。由浅到深,一个衔接和谐的级次已经形成,他们可以互相带动。"

上面布置了"自强不息奔小康"主题征文比赛,还"配发"了教委编印的读本《自强不息奔小康》——言明最好是《自强不息奔小康》的读后感。和我一样,对"那东西",孩子们不屑一顾。自己落后不说,看见人家"组织学习",我还泼冷水:"拜托,是主题,又不是标题,内容阳光健康的都行啊。把平时作文选几篇好玩的送去不就得了?"至于获奖不获奖,管他呢!

这是我自己的园子。

要怎么掘,便怎么掘。

同时想到另一本书里的另一段话。

的确，一切已经十全十美，还有什么可奢求的呢？有一院小小的园地供他盘桓，一片浩瀚的天空供他神游。脚下有东西供他培养收获，头上有东西供他探讨思索，地下的是鲜花几朵，天上的是万点繁星。（《悲惨世界》第一卷）

初春的阳光薄薄洒照，背后的人语喁喁起落。我立在空无一人的走廊上。

比阳光更柔和的，是泰戈尔流注于我的幸福。掀页的感觉一如园丁挥动他的锄头。此时此刻，我在我另一个小小的园子里——两处园子盛衰一脉，枯荣相依。

要怎么掘，便怎么掘。

7. 投我的影子在你们的卷上
——毕业班上的告别讲演

明天，你们就要统考了，监考的教师当然不是我。今天这节课，是我们师生六年的终结篇——小学阶段最后一堂读书课。

应当告诉你们，上周三，当我拿到考试日程表，看见临别最后一课恰在周五的时候，我是多么高兴——整整六年，这样的40分钟，早已成为我们每周一次的小小节日。读书是我们的骄傲，我们这个班也因之在全校有了特色——能在读书课上，和你们说说告别的话，我不以为纯是巧合。

先是你们做一周以来的阅读汇报，然后我点评；然后我读习作，你们对我做点评；最后，我们自由地读——你们读你们的，我读我的。发声不发声，说话不说话，各随己便。重要的不在于一二十分钟里读到什么和读了多少，重要的在于分享和交流。这是我们摸索形成的"模式"。一年来的读书课，我们一直这样上。那些让我们或哭或笑的精彩文章，那些让我们足以自豪整整一周的绝妙好评，不知不觉间，已经成为我们记忆中的珍藏。

经你们同意，今天不做读、评，只由我一个人讲。无疑，这是一种特权——为此，我谢谢你们。

在潜意识里，必定忘不了这是读书课，所以你们看——啊，不，你们听啊，到现在为止，我一直在说读书！其实刚才那些话，都是它们自己跑出来的——让我回到告别的话题。

从你们入学那天起，我就发愿，要为你们写一本书——如果有幸能够出版,那是足够厚的一大本啊。虽然至今真正发表了的,只有十分之一都不到的极小部分,然而,这丝毫不会影响我为你们而写的勃勃兴致!因为在我心中,有一种更见荣耀的发表,那就是每周至少一篇地读给你们听。你们的掌声、笑声和眼泪,给了我巨大的动力和满足。

一年以来,因为上教育在线论坛学习,我交了很多教师网友。他们喜欢读我的文章,其中一个重要的原因,就是我的诚实——在我看来,作文就是做人——这是比夸赞我的文笔更值得自豪的。为此,我也要感谢你们啊——因为总写发生在我们中间的事情,因为总爱读给你们听,因为总要面对着你们闪动着信赖与渴求的明澈如水的眼睛——这目光、这倾听,对我来说,乃是世界上最具强力的震慑和约束——无论是作为教师,还是作为一个有着起码道德良知的人,文章中哪怕一个细节的作假,也是不能想象的。所以,一直以来,是你们用信任和期待,洗濯我的心灵和文字。只有活得诚实,才是真正活过——是你们,使我的生命不至成为渺茫和虚空。为此,我要谢谢你们。

我要感谢李江涛,感谢你在5月29日读书课上的发言。那天上午是下着雨的,匆匆赶来的河南客人就坐在旁边——她俩光脚穿着凉鞋。

你哭着说:"我这一辈子,到现在为止,有两个班主任。一个教了我五年;一个教了我一年——就是薛老师。我觉得我很幸福,可是我又觉得自己很可怜。如果生命可以重来,我一定从一年级开始,就做薛老师的学生。"沉默寡言的李江涛啊,仅在两天之前,在27日的"随便写"里,你还告诉我:"老师,你说有客人要来听课,我讨厌来人听课。因为在没有人的情况下,我们的语文课就像一首歌,一幅画。我坐在里面,光是听,就觉得好幸福。我不喜欢被人打扰。"

于是我读《不虚此生》——读你终于开口答我的故事,目的就是想让那个星期五,成为你生命中难忘的、幸福的回忆。

从不举手的你,面对提问,常嗫嚅道"我说不好"的你,竟为我做了点评。这是你有生以来的第一次主动发言——而且,是当着那么多你不高兴见到的"外人"的面。谢谢你,谢谢你把生命中这无比珍贵的第一次给了我——我真的不知道,对一个教师而言,还有什么样的褒奖,能够高过于此。

顺便告诉你们:之后的评课会上,客人说,她们深深感动于孩子的"讨厌来人听课"。她们认为,这是学生在师生情感和思想交融到相当境界时的正常心理反应。

"在没有人的情况下,我们的语文课就像一首歌,一幅画。我坐在里面,光是听,就觉得好幸福。"李江涛啊,她们一字不易地念出了你作文里的话。

于是,我想起自己说过的:我是一只蜗牛,小小的壳里,有我自足完满的世界——因为这样的学生,每一节课都让我充满期待;每一个40分钟,都可能是心与心的美妙合奏——我也不喜欢被人打扰啊。

我要感谢张旭升。6月4日的读书课上,你朗读了泰戈尔的《新月集》中的两首诗。

胖胖的你,六年中,因为贪玩、作业不好经常被我训斥惩罚的你,敦敦实实立在讲台上,大声读出如下的句子:

审判官

你想说他什么尽管说罢,但是我知道我孩子的短处。
我爱他并不因为他好,只是因为他是我的小小的孩子。
你如果把他的好处与坏处两两相权,你怎会知道他是如何地可爱呢?
当我必须责罚他的时候,他更成为我生命的一部分了。
当我使他的眼泪流出时,我的心也和他同哭了。
只有我才有权去骂他,去责备他;因为只有热爱人的人才可以惩戒人。

然后你说:"我把这首诗献给薛老师,因为还有一个月,我们就要分别了……"

我用鼓掌打断了你的话——我知道如果让你说下去,将是什么情形。笑着让你再读一遍,我则依然站在原处,一字一句和着你的声音默默念诵。让幸福和酸楚,随你的声音,灌注自己——你们读书的时候,我总喜欢背壁而立,面对面,目光专注地看着台上的人。我相信,从你们身后,我的凝神,更能将倾听的习惯传递给你们。

本学期开始,尤其是期中考试之后,无论是读书还是讲课,或是作文,甚至造句——不知怎么的,仿佛有一根看不见的丝线在牵引,你们的发言,总能拐弯抹角,以出人意料的跨越,连到"就要和薛老师分别了"——而我,总不着痕迹地转移话题。

这既是我的性格,也是我刻意为之。都说女性主宰了小学是男生的不幸,因此一直以来,我在有意为自己注入阳刚的一面。

"单看你写了那么多的班级故事,就能知道,你和学生彼此爱得多深。我能想象,离别的那一天,情景会多么感人。"老师的一个江苏朋友这样说。知道我是怎么回答的吗?

"哭成一片的事情,绝不会在我们中间发生。因为煽情也可以让他们落泪的。眼泪不能使虚情成为真实,也不会为六年蓄就的爱河增加一滴——我更喜欢挥挥手,道一声再见——或者干脆连再见都不说地决绝而去。相聚须尽欢,离别不言愁。重要的,不是怎样离别;重要的,是如何共度六年。"

可是现在,我为什么要特意霸占了整整一节课,跟你们说这么多?——其实我是做了准备的,可是现在,我已全然忘了准备好的那些话。原来,在内心深处,我还是希望你们能记住我啊——原谅我的自私和食言。

这不是严格意义上的告别演讲,该讲的很多我都没有说。这原本就是一堂读书课——读书,是我永不厌倦的话题;而引你们走上读书之路,则是我所能想到的、唯一可以对你们发生持久影响的好事——至于这种影响能涉及多少人，持续多长时间，我就不知道、不乐观了。所以，我才喋喋不休地说了又说。

一直希望我们的班级成为读书型的班级——在每次"大考"结束后的家长会上，我从不通报成绩、分析试卷。"做学习型的父母"，六年来，这是我对你们的爸爸妈妈说得最多的话。因为我从我的儿子——也就是你们称为"大师哥"的金戈那里知道，仅有一个酷爱读书的母亲，孩子的健康成长就可以成为一件多么容易的事情。

建设读书型的班级，做读书型的学生。

"真是怪论，学生每天做的不是读书吗？"我知道，因为是我的学生，你们是不会有此疑惑的。因为我告诉过你们：正如把学校里学到的东西都忘记之后，剩下的才是真正的教育一样，真正的读书，是指与无关考试的书籍的亲密接触。

在我们这个班级里，书，是一个无比亲切的名字，它像大海一样深邃，像森林一样幽奇，像星空一样灵动，像我们中的每个人一样活泼可爱——它是血肉丰满的美丽生命。六年中，它早已成为我们中间一日不可或缺的成员。但它却不是所有学生必须面对和攻读的东西——那东西，我们称之为教材。

现在，在离别之前，我特意说起这些，只是因为——我不敢确保，将来是否有人和你们说这样的话。如果你们记住这些话，我宁可你们忘记我。因为老师是酷爱读书的，老师六年来费尽心思，只是为了让你们成为热爱读书的人。不要说永远记得我，当你们丢开了书，就是彻底把我从你们心里抛了出去。

当你吃过中饭，坐在窗前读《罗摩衍那》，那棵树的阴影落在你的头发与膝上时，我便要将我小小的影子投在你的书页上，正投在你所读的地方。

但是你会猜得出这就是你孩子的小小影子么？（泰戈尔《金色花》）

张旭升,这是你读的《金色花》中的片段。我想我该和那变成金色花的孩子换个位置。任凭流年似水,无论身在何处,只要你们在读——我便投我的影子在你们的卷上。如果,你们觉得有一股热流从心头涌过,孩子啊,那就是我——你们的小学语文老师在对你笑呢。

8. 温柔的扼杀

【案例】

美丽的春天

这是一节一年级的美术课,随着上课铃声的响起,年轻的女教师迈着轻盈的步子走进教室。

"同学们好!"

"老师好——"孩子们拉着长声向老师问好。有的男孩子因为过于用力,脖子上的青筋都暴露出来,好可爱的样子。

见到这情景,女教师笑了,露出两个浅浅的酒窝:"同学们,今天这节课我们来画美丽的春天。你们喜欢春天吗?"

"喜欢——"孩子们几乎是异口同声地回答,可是也有人小声咕哝了一句"我不喜欢"。

女教师循声看了过去,见一个男孩正低着头摆弄着手中的什么东西。她显然没有介意这个小家伙的"挑衅",依然笑容可掬地继续:"能不能告诉老师你们为什么喜欢春天呢?"

话音刚落,一双双小手就争先恐后地举起来。

"春天,小草发芽了,小花也开了。"

"春天,小鸟飞来了,还衔来了植物的种子。"

"春天,可以春游,还可以放风筝。"

"春天，可以脱掉棉衣，穿上五颜六色的花衣服。"
……

"是呀，春天多美呀！看得出来同学们都特别喜欢春天，那就用手中的彩笔把我们眼里的春天画出来吧！"女老师满意地看着孩子们，在黑板上贴了"示范图画"，然后开始了行间巡视。她看到有的孩子画了蓝天、白云，有的画了满树的桃花、杏花，还有的画了小草在伸懒腰……她一直微笑着，眼里尽是春的烂漫和妖娆。

走到那个男孩身边的时候，她停住了，因为她发现，那个说"不喜欢春天"的男孩居然一笔也没有画。她摸了摸他的头，弯下腰小声地询问道："你怎么不画呀？刚才同学们说了好多春天的美丽，对你没有启发吗？你想画什么景物都可以。"

孩子抬头看了她一眼，就又垂下了头。过了一会，女教师又巡视到了这个男孩的身边，这一回的发现确实让她有些生气了，只见图画纸上写着这样几个大字：我 taoyan（讨厌）春天。女教师开始觉得这个孩子有些莫名其妙，甚至以为他一定是有意和自己过不去。想到这里，她把男孩叫到了教室外面。

"告诉我，你为什么讨厌春天？"女教师的表情很严肃。

男孩鼓着嘴不说话。

"说呀，不说我就以为你是上课故意捣乱！"女教师显然有些控制不了自己的情绪，语气也变得严厉起来。

"哇——"，孩子大哭起来，"我就是不喜欢春天，因为……因为我的爷爷……在春天去世了，我妈妈在春天……下岗了……呜……"孩子断断续续地说着，委屈的泪水打湿了脸庞。

女教师愣住了，很快她反应过来，一边掏出纸巾抹去孩子的泪水，一边将孩子紧紧地搂在怀里。

午后放学的时候，那个男孩从女教师的办公室里走出来，他手里举着一幅画，上面画着蓝的天，白的云，青的草，绿的叶，红的花……画的一角是一行小字："在这个美丽的春天，我的妈妈一定可以找到新工作！"他挺着胸咚咚地走着，脚步是那么有力，脸上挂满了春天的阳光。

【评析】

温柔的扼杀

先读一首唐诗：

秋词

刘禹锡

山明水净夜来霜，
数树深红出浅黄。
试上高楼清入骨，
岂如春色嗾人狂。

再看一段文字：

我现在对于春非常厌恶。每当万象回春的时候，看到群花的斗艳，蜂蝶的扰攘，以及草木昆虫等到处争先恐后地滋生繁殖的状态，我觉得天地间的凡庸、贪婪、无耻，与愚痴，无过于此了！（丰子恺《秋》）

其实，四季各有其美丽可人的地方，所以会有爱憎厚薄，乃是因为表述者不同，即使是同一个表述者，他此时的心境也和从前往后不同。正是因了这些"不同"，芸芸众生才可以活得千姿百态，你我的一生才可以呈现丰富多彩。我们读到的文字，才可能具有鲜活的感染力——这是从"自我"流淌出来的生命的力量。这样的"自我"，必须是很好地保持了其完整与独立，没有被外在力量同化了的。

所以啊，春也好秋也好，你写你的爱，我写我的不爱——于是春也可亲，秋也可爱；于是诗也多样，赋也多彩；于是文学的殿堂，才能成为一处富丽广袤的所在。

相信你自己的思想，相信凡是对你的心灵来说是真实的，对所有其他人也是真实的——这就是天才。披露蛰伏在你内心的信念，它便具有普遍的意义。（爱默生《自助》）

以上说的是文学。我想，美术也是一样的。

我就是不喜欢春天，因为……因为我的爷爷……在春天去世了，我妈妈在春天……下岗了……呜……

这样的年月——这样的故事，实在不新鲜。

可是读到这里，我的心依然为之一震，同时袭来的，是难言的感动和悲凉：多么疼人的孩子，多么艰难的中国——如果你同意我，以为"中国"，不是旗帜、徽章、版图、文献，乃至政府名号所代表的神圣和伟大，而是千千万万如你我一样的、有着实实在在的悲欢苦乐的普通"人"的话。

国土是国家依存的根本。在我看来，这"土"的真正含义，是你、是我、是那孩子、是他逝去的慈祥的爷爷，以及他忧心忡忡的妈妈。

我们卑微，我们成千上万——我们多如恒河之沙，所以国运的兴衰，其最可靠和有力的表征，就在于我们的生活快乐与否，幸福与否。

爷爷在春天去世——春天是悲伤的。一地青草，是孩子对爷爷的缅怀。"taoyan（讨厌）"的背后，是孩子树芽一样的柔软和善良。

妈妈在春天下岗——春天是暗淡的。可以想见，他们的生活从此坠入困境。春光明媚啊，蜂飞蝶舞啊，一切的一切，只能反衬了他们的辛酸和凄凉。"taoyan（讨厌）"的背后，是孩子深入骨髓的不安全感。

前者的伤痛或许可以交给时间治愈。

后者的忧虑，是"祖国"加给他的花朵的不该承受之重。如果孩子真的是未来，那么这孩子的悲伤——颇有代表性的悲伤，其实就是我们民族的不幸。翻开报纸、打开电视——如果你对国情稍有了解，你必同意我的说法。

作为教师，我们无力改变太过沉重和灰色的现实，我们需要考虑的，是如何面对孩子的"讨厌"？

没有人希望孩子生活在阴影之中。可是，当阴影成为不可回避的客观存在时，我们怎么办？

我母亲二十三岁做了寡妇，又是当家的后母。这种生活的痛苦，我的笨笔写不出一万分之一二。（胡适《我的母亲》）

有谁读了此文，能不为母亲的慈爱及不幸而感动、悲伤的呢？

她们对我母亲闹气时，也是如此。我起初全不懂得这一套，后来也渐渐懂得看人的脸色了。我渐渐明白，世间最可厌恶的事莫如一张生气的脸；世间最下流的事莫如把生气的脸摆给旁人看。这比打骂还难受。（胡适《我的母亲》）

早知道胡适是出了名的宽容，读了此文才晓得——培植了这棵人格与文化的参天大树的，是那样辛酸抑郁的童年。试想，如果胡适是如今的教育者所希望的阳光与刚强之人——或者遇到一个好老师，教他转过身去，从此"不见"阴影，无忧地生活在教育编织的灿烂幻境——那么，先生对于刻薄寡恩之类的人性之恶怎么可能有那样的切齿之痛，并一生做了胸襟似海的伟人?

　　我有四年多,曾经常常,——几乎是每天,出入于质铺和药店里,年纪可是忘却了,总之是药店的柜台正和我一样高,质铺的是比我高一倍,我从一倍高的柜台外送上衣服或首饰去,在侮蔑里接了钱,再到一样高的柜台上给我久病的父亲去买药。回家之后,又须忙别的事了,因为开方的医生是最有名的,以此所用的药引也奇特:冬天的芦根,经霜三年的甘蔗,蟋蟀要原对的,结子的平地木,……多不是容易办到的东西。然而我的父亲终于日重一日的亡故了。

　　有谁从小康人家而坠入困顿的么,我以为在这途路中,大概可以看见世人的真面目;我要到N进K学堂去了,仿佛是想走异路,逃异地,去寻求别样的人们。(鲁迅《呐喊》自序)

　　这也是一段不幸的童年,这也是一个对世态炎凉有着深刻敏感的孩子。应当承认,在当时社会——不,在所有的时代里,"从小康人家而坠入困顿",都不是稀罕的事情,必定有更多的人,其苦难甚于鲁迅,至少鲁迅没有惨到忍饥挨饿的地步。然而,鲁迅之为鲁迅,就是因为他少年时代便有了一双特别犀利的眼睛,所以他看见了"世人的真面目";所以他觉得故乡的空气忍无可忍;所以他要走异路,逃异地,去寻求别样的人们——这一走、一逃、一寻,才有了目前还看不出有被超越迹象的巨人。

　　幸好当时没有人去抚平他的忧伤,告诉他生活总是美好的——否则……

　　当苦难和不幸来临的时候,对苦难和不幸的敏感,乃是一切人类优秀分子的共同特点——我们应当珍惜,而不是用廉价的快乐,使那颗柔软的心,变得坚硬粗糙。

　　罗素先生在五岁时,就感到寂寞而凄凉,就想道:假如我能活到七十岁，那么我这不幸的一生才度过了十四分之一！但是等他稍大一点，接触到智者的思想的火花，就改变了想法。假设他被派去插队，很可能就要自杀。（王小波《思维的乐趣》）

再看王小波的自述：

我从童年继承下来的东西只有一件，就是对平庸生活的狂怒，一种不甘没落的决心。小时候我简直狂妄，看到庸俗的一切，我就把它默默地记下来，化成了沸腾的愤怒。不管是谁把肉麻当有趣，当时我都气得要命，心说：这是多么渺小的行为！我将来要从你们头上飞腾过去！（王小波《致李银河》）

相比于胡适和鲁迅，在大多数淳朴人看来，这两个人的痛苦，不但不值得同情，简直不可理喻——庸俗地缺乏思维乐趣地生活着的人，在他们眼里就是行尸走肉，连死都不如呢。他们是这样一种人——活着，一定要有理由。

罗素的理由：

对爱情的渴望，对知识的追求，对人类苦难不可遏制的同情，是支配我一生的单纯而强烈的三种感情。这些感情如阵阵飓风，吹拂在我动荡不定的生涯中，有时甚至吹过深沉痛苦的海洋，直抵绝望的边缘。（罗素《我为何而生》）

王小波与之相似：爱智慧、爱异性、爱趣味。

小小年纪，没有孩子该有的天真烂漫，一个悲观到了极点，一个狂妄到了可憎。在我们负责任的"人类灵魂的工程师"看来，他们必定都是问题少年，必定要施以不遗余力的教育和挽救，使他们变得阳光、童真、谦虚——幸好，他们没有遇到这样的优秀教师。

否则我们怎么知道——

幸福的命脉，乃是参差多态。（罗素《西方哲学史》）

幸福的命脉，乃是参差多态。

夜莺的歌声是美好的，但如果世界上所有的树林里只能听见夜莺的歌声，那将是怎样一个恐怖的所在。

七情六欲，喜怒哀乐，乃人之常情。我们曾经有过八亿人心往一处想、劲往一处使，斗志昂扬奔向共产主义的火红年代——那样的年代，今天我们称之为"疯狂"和"愚昧"。

只有爱没有憎的心灵是有缺陷的，正如只有高峰没有低谷的山脉是不可想象的。

不要说那孩子对春天的"讨厌"有着令人感动的理由——在我看来，即便没有"理由"——因为讨厌，所以讨厌，也是他的权利！因为人的精神世界，原本就是一片深不可测的大海，倒是我们——没有理由把它们都改造成为一样波光粼粼、一样垂柳飘拂的人工湖。

很想问问故事中的女教师：如果有人宣布，女性最值得珍贵的品质是"柔弱"——她会怎么看？

这，就是马克思的《自白》；这，就是伟人。

他们绝不随众随俗，他们也许倒更关心自己落在墙上的影子。（爱默生《自助》）

午后放学的时候，那个男孩从女教师的办公室里走出来，他手里举着一幅画，上面画着蓝的天，白的云，青的草，绿的叶，红的花……画的一角是一行小字："在这个美丽的春天，我的妈妈一定可以找到新工作！"他挺着胸咚咚地走着，脚步是那么有力，脸上挂满了春天的阳光。

我很替那位教师担心：因为她的"一定"——太"不一定"了。

何必呢？这么冒险！

只有个人才能思考，从而能为社会创造新价值……要是没有能独立思考和独立判断的有创造能力的个人，社会的向上发展就不可想象，正像要是没有供给养料的社会土壤，人的个性的发展也是不可想象的一样。（爱因斯坦《社会和个人》）

在我看来，正是故事中的美术教师，使学生个性发展的土壤，成为坚硬的混凝土。她们的教育越成功，这混凝土的坚硬程度就越可怕。

个性——就这样被温柔地扼杀了。

你也许要问，那么作业怎么办？

如果是我，就由着孩子画。可能他会画《春天来了，爷爷你在哪里？》——画面是青草覆盖、小花摇曳的墓地。

也许他会画《妈妈的春天》。画面是春光灿烂下的，母亲愁苦的脸。

对那样的作品，我将为之深深感动并无比珍爱。

9. 比技术更重要的

绝不上违背理性的课

我看见了他一夜的工作，他每个夜晚都是这样工作的！（《一夜的工作》）

如果头脑够活络，小学生必定仿出如下句式：

"我看见了老师一次的愤怒，他每天都是这样愤怒的。"

"我听见了小明一晚的哭泣，他每晚都是这样哭泣的。"

教师呢，必定不愿意："你这叫以偏概全，缺乏逻辑根据。"

"那么课文里，何其芳为什么就可以这么说呢？"

如果是我的学生，必定不依不饶，要这样反问。

"因为他是何其芳，是作家、诗人；因为他写的是周恩来，是人民的好总理——大量的作息记录证明了的，全国人民都知道了的，周总理每夜都是这样工作的。"

"哦——"如果是我的学生，必定更加不依不饶，"原来在写作上，作家和学生可以有双重标准！既然全国人民都知道，干嘛还写它？"

于是，我换一个角度，更加深入地分析给他听："'我看见了他一夜的工作，他每个夜晚都是这样工作的！'在这里，后一句不是前一句的推断结论，而是在陈述一个事实。因此，何其芳是没有逻辑错误的。"

正所谓"有其师，必有其徒"，那个孩子被我的认真感动了，他决定陪我钻研到底："'他每个夜晚都是这样工作的！'突然冒出的这个重大事实，作者是怎么知道的？是他每夜都看见的？还是听警卫人员说的？还是从别人的文章那里读到的？单从课文看，我怎么知道作者是在陈述而不是在推断？老师啊，做人要公平的，一样的句式，一样的没有用关联词语，一样的没有交代由点到面的过渡理由，为什么他写的没有逻辑错误，而我写的就站不住脚？哼，如果他是在陈述——我也是。"

青出于蓝而胜于蓝，乃是为师者的无上光荣。能教出这样的小学生，那是多么大的幸福，我无语并快乐着。

当然，如此美景只能发生在想象中。在我的课堂上，我们师生是不会放过这一"软肋"的。

"我看见了他一夜的工作，他每个夜晚都是这样工作的！"

大笑之后。我会告诉孩子们："一夜的工作就是一夜的工作，我们所能找到的补充材料，都不能对课文的逻辑缺陷有丝毫帮助。一篇文章就是一篇文章，它该是个相对自足的整体——当其结论需要课外内容加以证明的时候，能证明的，只是它自身的贫乏和残缺。"

在"家里"，我就是这么说的。

如果这样去参赛呢，结果必定如一位同行所说："连初选都不能出线！"我知道，所以我不参赛。如果参赛呢，我就绕开这一篇；如果不幸碰上了——这太有可能了，在公开课上，此文"行情"一向不错——既想出线，又不愿在大庭广众之下扮演弱智，我就只有一种选择：要求换题。

你要问：这可能吗？

当然可能！十多年前，我曾经抽到臧克家的《观球记》——说的是"十二亿双中国人的眼睛共同关注"的一场女排球赛。幸好那不是事实，否则我们所在的国度岂不成了疯人院？这样的文章，想一想都让人不屑。

憎恨一切的兴奋剂，尤其是用排球制成的"振奋民族精神"的兴奋剂——听了我的陈述，评委网开一面，让我顺沿着上后面一课：《今天我喂鸡》。

喂鸡就喂鸡。喂鸡也比带孩子服"兴奋剂"好。

爱因斯坦说过:"绝不做违背良心的事情,哪怕是为了祖国的利益。"

我要说的是:"绝不上违背理性的课,哪怕是为了获奖。"

你可能要说我这人思想境界够高,其实不是,我只是比较自尊——作为教师,我只是爱屋及乌地维护着本行业的尊严而已。

"好男人不会让自己心爱的女人受一点点伤害"——谁在放这滥俗的老歌?儿子哼哼唧唧跟着唱,于是我宏论滔滔:"对于爱,最大的亵渎是拿感情当工具。我是爱语文的,所以我绝不拿授课当工具——尽管技术的展示,有赖于对工具的娴熟使用。"

我喜欢技术,但技术必须服务于思想。

当技术走到了理性的对面,技术就是在行致人愚昧的恶。

诚信,就那么昂贵吗?

念师范的时候,我零星读过一些教育文字。随着岁月流转,绝大部分都已忘却,但有一个词还铭记在心:"母爱教育"。

"母爱教育"——在我灵魂深处,唤醒并重铸了这个词的,是在我做了母亲之后再教《小珊迪》。

给同行讲课或做报告的时候,每次我都问起:"《卖火柴的小男孩》,也就是《小珊迪》,有教过的吗?"

"教过。"

"请告诉我,作者是谁?"

窃窃私语,然后一起惭愧地笑着看我——我知道了结果,我感到无比欣慰!

某年五月,在河南濮阳实验小学,第七次,我对大家说:"我很高兴你们记不得。我已经教过四回——我也记不得啊。临近毕业时，有兴趣的，请记着问问你们的学生，我以我有限的经验保证：孩子们，哪怕是语文成绩最好的，他也记不得了！

"可是，就在我们身边，你随便去问几个低年级的孩子，问他安徒生是谁，写《卖火柴的小女孩》《海的女儿》的是谁——我试过，他们很少答不出来的！因为安徒生的童话是他们爱听爱读的，因为在他们那里，'安徒生'，不是作为一个人名记在大脑，而是作为一粒种子播在心田。什么叫作家与人民之间的血肉相连？什么叫人类最美的精神之花？这就是。

"记不得了！让我们自豪并庆幸吧，这说明我们心中还存有教育不能泯灭的善根——这也证明了一个心理学的观点：正如植物追逐阳光，人性的本质是追求真善美的，当其在现实中遭到扭曲和阻滞，在深如大海的潜意识里，这种追求，依然会以逆反的方式，显示出本能的力量——因为厌恶，所以忘记。"

厌恶！

也许是因为忧愤于当前社会的人心不古、世风日下吧，最近几年的公开课上，《小珊迪》十分热门，而且，"育人"中心也与时俱进地由"诚实"变为"诚信"。

或由身边不诚不信的故事导入；或选最惨最动人的地方反复朗读；或演"兜售"与"临终"两幕课本剧；或想象珊迪在双腿被轧断了的情况下，仍摸爬挣扎着去找"应当还给先生的十一个便士"；或让学生在悲惨的音乐中奋笔疾书，向小珊迪表达敬慕和学习的意思……手段不可谓不丰富，技术不可谓不精到。桃红柳绿，精彩纷呈——具体环节和操作方法，上网搜索，就能见到很多；翻开教学刊物，也能读到很多。在这里，为节约篇幅，我不做赘述。

然而，我只想问一问那些做了父亲母亲的教师——因为我注意到，把课上到"一定层次"的，都是教龄不少于10年，且做了父母的。我想问的是：当你激情澎湃，将学生带入那个感天动地的诚信故事的时候；当学生如你所愿，震撼于小珊迪的诚信，并表示要做一样的人的时候，你有没有想得更深入一些：

十一个便士——被轧断的双腿———条人命——从此没有亲人的小利比。诚信，它的代价是否大到了残忍？

我还想问：在近乎饿死冻死的情况下，就算小珊迪不送回十一个便士，而去给弟弟和自己买吃的了，是否我们就可以跟着作者斥责他是"那种人"？

如果小珊迪一去不返是欺诈和不道德，那么，我们该怎样看待历代人民朝不保夕时的揭竿而起？

"身上只穿一件又薄又破的单衣，瘦瘦的小脸冻得发青，一双赤脚又红又肿"——想一想作者及朋友在饭店门口的不耐烦，想一想那扬长而去的肇事车辆——可怜的珊迪兄弟，他们真是挣扎在人情的冰川上啊。杀死他的，固然是冷酷的"资本主义制度"，又岂不是他自己的"诚信"呢？

饥寒起盗贼。仓廪实而知礼节。

道德的最高标准是让人活得像人，这一点离我们太过遥远；道德的最低限度是让人活着，这一点我们是否知道？

我敢说，如果让作者、教材编者和那些教师坐在《悲惨世界》的法庭上，他们会毫不犹豫地将冉阿让投进监狱——为了姐姐的饿得要死的孩子，那个沉默寡言的老实人偷了店铺的面包。冉阿让，不仅无德，而且有罪。

我还可以设想，如果时光倒转，这些"人类灵魂的工程师"会以同样的激情鼓动学生像刘文学、金训华那样，为一把辣椒、一根木头光荣牺牲——因为那是集体财产，因为那样的壮举体现了更为崇高的"共产主义道德"。赖宁，就是这种教育结出的果实。

只是我怀疑——同样的殊荣，教师是否真心愿意让自己的儿女去争取。

作为母亲，我为这样的文章入选教材感到心寒，也为一再看到的公开课上教师的激情演绎感到齿冷。

说什么"母爱教育"？

师德，师德，先具人性——再谈师德吧。

为自己说

让学生开口，这是语文教师勤勉去做的事情，大体方式有两种。

一是以识记为特征，其目的是服务于对课文的理解和记忆。常见的做法，或是在课件上出示填空题；或是让孩子变换人称复述课文情节；或在教学的最后环节，让学生对文中的人物说几句话——"说什么"是通过前面的教学明确的，学生要"掌握"的，是"怎么说"。因为这种做法的正确率是有保证的，所以在公开课上常常被使用。

在这些情况下，开口的是学生，但是他说的却不是"自己"。用苏霍姆林斯基的话说，他是在按老师的要求，把经学习"储存"起来的知识，一份一份地拿给老师看，让老师验货。

这样的语言活动，就学生参与的积极性而言，总体态势随年级升高而下降——这是孩子独立意识苏醒的表现，是好事。

"这叫语言训练，旨在提高学生的口语表达能力。"朋友告诉我。

可是我很困惑，说话还要教吗？当说话也需要"教"的时候，正是语文背离"生活"、背离"自己"的时候。"教了才会"的话之于心灵的影响，只如风过水面所起的涟漪。这种情况，在学习革命题材的内容时表现尤为明显。

可是，当他们在为自己而说的时候，情况将大不一样。去问问做父母的，哪怕是你眼中最为木讷的学生，爸爸妈妈也能说出他巧舌如簧的小故事。妙语连珠的时刻，十之八九出现在孩子提要求的时候，其语言的精彩度正与其要求的强烈度成正比。

当欲望足够强烈时，不用你教，他自然会调动所有的词语储备，运用所有的表达手段，声情并茂，解数使尽，以期达到目的，以期实现当下最为现实的自我需求：得到一辆四轮车、一个芭比娃娃，或者去溜冰、放风筝等。

也许，比"教他们怎么说"更重要的，是点燃他们的思维，激发他们的表达愿望。在那种情况下，通过语言所展示的，恰是他们精神世界的开阔、健劲和活跃——说出来的话，是思想之树结出的美丽果实。

这是《卖火柴的小女孩》片段——

教师：跟着奶奶走了。你们怎么理解？

学生（齐）：上天堂了。

教师：其实就是什么？

学生（齐）：死了。

教师：她是在幸福中死去的吗？

学生（齐）：是的。奶奶告诉的，那里人都相信……

教师：你以为小女孩相信天堂吗？

学生（齐）：相信！

教师：安徒生呢？

彭沁园：相信。他也认为小女孩到天堂了。

李佳佳：我认为他其实不相信。

教师：那他为什么这么写？

李佳佳：他希望有天堂。他不想让故事太惨，这表达了他美好的心愿。

教师：你相信有天堂吗？

李佳佳：不相信。

教师：那么你希望有天堂吗？

李佳佳：希望有。

教师：为什么？

李佳佳：那样在人间受苦的好人，也可以有一个好的结局。

教师：我也希望有啊。可是有一个问题我想问：如果小女孩真的到了天堂，你认为这个故事的悲惨性是不是减弱了，你的心情是不是好受了许多？

陈屹超：我会好受不少。

教师：哦，那得感谢作者的善良或者虔诚。

曹健宇：我还是很难受。因为人应当平安幸福地度过自己的一生，然后好好地进天堂。无论如何，这么小的孩子，死得这么悲惨，我还是很难过。

教师：大家谈得真好。就这样吧，带着你们各自不同的理解，请读上天堂那一段。

"哦，高年级……"也许你要说。那么再看二年级的教学实录。

教师：课文结束了，请问——如果你是那只小灰兔，你现在怎么办？

学生1：我要向小白兔学习，找老山羊要一包菜籽，我也种白菜。

学生2：我向小白兔要菜籽。

学生3：不能白要人家的东西啊。我们兔子是采蘑菇的高手，我拿蘑菇跟山羊或者白兔换菜籽。

学生4：老吃白菜多烦人啊，我就一心采蘑菇，然后拿蘑菇和别的动物换东西，今天吃桃，明天吃梨，后天吃玉米。

学生5：还是种保险，我种蘑菇，然后换食物。

学生6：我吃完的那担白菜本来就是靠劳动挣来的，我还可以再去帮别人做事，靠劳动挣食物，只要我不断地找活儿干，一样能吃饱，不一定非要种地。

学生7：只要我们爱劳动，会劳动，干什么都不会挨饿的。（见《教师之友》2000年第7期《好可爱的小灰兔》）

点燃思维，唤醒自我，让他们说自己——让他们为自己说。然后，教师不用再操心怎么说。

"让学生开口"，这是我喜欢的方式。

我们所普遍缺乏的

教师：是啊，如果辛黛瑞拉突然变成原来的样子，要是你是那个王子，你还会爱她吗？

学生：（迟疑了一会）不会了。

教师：为什么？

学生：要是一个漂亮的姑娘突然在我面前变成一个脏兮兮的女孩子，我肯定要吓坏了，还以为她是一个妖怪或者女巫呢，跑都来不及，说不定要吓昏了（全班大笑）。

教师：所以，你们一定要做一个守时的人，不然就可能给自己带来麻烦了。另外，你们看，你们每个人平时都打扮得漂漂亮亮的，千万不要突然邋里邋遢地出现在别人面前，不然你们的朋友要被吓着。女孩子们，你们更要注意，将来你们长大后和男孩子约会，要是你不注意，被你的男朋友看到你很难看的样子，他们可能就吓昏了（老师做昏倒状，全班再次大笑）。

好，下一个问题：如果你是辛黛瑞拉的后妈，你会不会阻止辛黛瑞拉去参加王子的舞会？你们一定要诚实哟！

学生：（过了一会儿，有孩子举手回答）是的，如果我是辛黛瑞拉的后妈，我也会阻止她去参加王子的舞会。

教师：为什么？

学生：因为，因为我爱自己的女儿，我希望自己的女儿当上王后。

教师：是的，所以，我们看到的后妈好像都是不好的人，可是他们只是对别人不够好，他们对自己的孩子却很好，你们明白了吗？他们不是坏人，只是他们还不能够像爱自己的孩子一样去爱别人的孩子。

……

教师：最后一个问题，这个故事有什么不合理的地方？

学生：（过了好一会）午夜12点以后，所有的东西都要变回原样，可是，辛黛瑞拉的水晶鞋没有变回去。

教师：天哪，你们太棒了！你们看，就是伟大的作家也有出错的时候，所以，出错不是什么可怕的事情。我担保，如果你们当中谁将来要当作家，一定比这个作家更棒！你们相信吗？

孩子们欢呼雀跃。

——节选自2003年7月《教师之友》上刊发的《一堂阅读课》

2003年7月之后，此文被转载于多家教育刊物和教育网站，并刊登在2004年第1期的《读者》上，在语文教学的圈内圈外引起了不小的轰动。作者沙漠是我的朋友，一次在电话中，她向我说起刚刚听过的《圆明园的毁灭》。

"从气氛上看，那节课的现场效果很是不错：有图片，有音乐，还有《火烧圆明园》的电影片段……总之，调动了一切手段，运用了一切技术，营造出了一种惨兮兮的情境。教师悲愤，学生也跟着悲愤——悲愤地朗读，悲愤地追忆，悲愤地陈述，悲愤地谴责，听众深受感染——都说这节课很成功。可是我觉得，正是这种公认的成功，体现了我们语文教育的悲哀——圆明园是怎么建造起来的？圆明园是给谁享用的？为什么它会遭焚？皇帝和军队到哪里去了？为什么焚烧时周围百姓都不去扑救和抵抗？如果当时你就住在圆明园的附近，你会不会前往抗击和扑救？这些问题——学生不可能不感兴趣，不可能不被激发并积极思考和热烈表达其观点,为什么不放到课堂上去讨论?"

这是沙漠的语文观,这是一个思想型编辑的忧虑,是否会被"业内人士"嗤之一笑呢?——我不知道。

我是笑不出来的。我想起了她所记录的《一堂阅读课》,没有技术的痕迹,素面朝天,然而热切动人——那里闪烁着的,乃是人性的思想的光华;那里涌动着的,乃是生命的扩张的力量。

而这,正是我们的语文教学所普遍缺乏的。

教师失去了思想的自由和精神的独立,一意匍匐于教材、教参之下,竭尽机巧去阐释既定的"情感"和"思想",去制造观众认可的成功——学生也就只能等而下之地做精神侏儒。

比之于《灰姑娘》,我们的语文课——尤其是各种级别的优质课的教学,够漂亮,够激情,够技术,够圆满。看一课,赏心悦目;看几课,似曾相识;看多了,便有"批量生产"的错觉。因为课件是可以复制的,环节是可以套用的,窍门是可以窥见的,招数是可以模仿的——我们从来不缺乏走捷径的聪明——而思想,基于学养和胆识的,鲜活而不可复制的思想,得来艰难,却不落实惠。

这是绢花和鲜花的区别。

只要掌握了技术,绢花就可以有任意的形状和色彩,其实用和持久也令人赞叹,但它却是没有生命的。你也可以想象,牡丹或蔷薇,月季或牵牛,甚至一束蓬蓬勃勃的野菊呢,拥有这种小花的孩子,相比于坐拥绢花的孩子,其精神和生命状态,怎会一样?

教师面临的选择是:埋头学招,在技术的作坊里制作绢花;还是摒除匠气,走进田野,于风雨中摘一丛摇曳的鲜花。

陶行知转述过这样的观点:普法战争,法国的失败,罪在法国教师。中肯与否我不敢妄断,可是,既然思维是依赖语言的,既然语文是直接关乎灵魂的——我想,在塑造国民性的事情上,功也好,罪也好,语文教师的责任是不可推卸的。

我不敢忘记这样的话：

思想形成人的伟大。

人只不过是一根芦苇，是自然界最脆弱的东西；但他是一根能思想的苇草。用不着整个宇宙都拿起武器来才能毁灭；一口气、一滴水就足以致他死命了。然而，纵使宇宙毁灭了他，人却仍然要比致他于死命的东西更高贵得多；因为他知道自己要死亡，以及宇宙对他所具有的优势，而宇宙对此却是一无所知。（帕斯卡尔《人是会思想的芦苇》）

10. 我喜欢

那天，一位朋友问我："你觉得自己的工作对学生一生的发展有影响吗？"

我说："不知道，应当没什么影响吧。若是有，也是极少数的孩子，极微小的效果。所以，如果要我给一个大致的答案，现在我可以告诉你了——没有！"

"这，这怎么可能啊！"电话的那一头，他几乎在喊。

我笑了："同志哥，孩子的希望在于可塑性，孩子的可悲也在于可塑性啊。我且不说小学六年对人一生的影响有多大，我只告诉你一件事：我们这里是离市区20公里的城郊，又是企业，从幼儿园直到初中，环境都相对封闭单纯，所以每年我们都能看到——挺淳朴的一个孩子，进到高中以后，一年不到，就学会了逃课、泡吧、说脏话，甚至抽烟、喝酒、打架、偷窃，其中大多是那些成绩中下的好孩子。由初中进入高中，一方面是保姆式严格监管的说撤就撤，一方面是学习难度的陡然增大，连个过渡都没有，更不要说必需的扶持和帮助了。越考越差，屡战屡败；到后来，上课如听天书。那是怎样一种自卑、无助和沮丧！这些孩子，一开始就被逐出了前进的阵营，信心一点点丧失——终于，在家长和老师都不知道的时候，躲入'鬼混'的队伍，完成胜利大逃亡。'外面的世界真可怕，简直就是个大染缸啊。'这是初中教师的感叹。你说，我们教小学的，还有什么可说的？这还没出学校门呢，更不要说之后加倍复杂和残酷的人生了！所以，不少有思想的年轻人，回顾前瞻，越想越不敢要小孩。教师千万不要高估了自己的作用，否则，希望越大,失望越大。"

"那倒也是。现在的高中生,压力确实大,生活也太单调。往往是学校、家庭和社会合力,硬是将孩子挤进了堕落的泥沼。可是……"

"我知道你想问什么。你一定奇怪,既然如此,我何来那么大的热情——开展阅读教学,放弃命题作文,启发学生思维,每周给孩子写下水文呢?照一般人看来,如果不是着眼于他们将来的发展,或者说不是出于一种令人感动的教育激情,我是不会这么做的——是不是?"

"对啊。一个人,如果看不到自己工作的社会价值……"

"这个,我可以明确地告诉你——因为我喜欢!"

这是真的。

1999年4月,一个春光明媚的下午,我在学校电脑室内里敲《为课外阅读致家长的公开信》。那时他们才读一年级呢,可这,已经是第三封信了。

信的结尾是这样的:"我知道,对家长,我只能建议和劝导。我的信对每一位家长的影响都不会相同,我从不企望所有的家长都同意我的看法,都能按照我说的去做。从今往后的六年里,在这个班上,只要能得到三分之二的家长的认同和支持,我的努力就是取得了巨大的成功,我的辛苦就是没有白费。"

为什么这么说呢?因为我被无数次告知:"分数是硬道理。教学质量是学校生存的生命线。"领导想要的,家长看重的,同行之间比拼的,都是——统考分数。其他一切,都属"华而不实""哗众取宠"和"显示特立独行"之类。所以,我纵狂妄,也不敢到家长那里颐指气使、指手画脚,我只能低声下气地求他们配合——因为我要做的,是我自己喜欢的事。而且,我想通过施展个人爱好,一勤养百懒,将我不屑一顾的统考也捎带"搞掂"了。我认为,这是典型的以权谋私。

一个未经证明的浅见:我觉得,每一个语文教师,不管他实际的水平如何，也不管他于人前谦虚与否，在潜意识里，他都应该认为自己的语文够棒；顺理成章——他所走过的语文学习之路，是很值得在学生那里复制的。

自己深受了炼狱般的应试之苦，一旦为师，实施起应试手段来，往往残酷胜过师门。这种现象，大约与"多年的媳妇熬成婆，熬成婆时把媳磨"同理。当然，教师自身学养贫乏、思维僵化，除了亦步亦趋"遵大道"，根本没有能力走自己的路，这也是语文教学落入恶性循环之怪圈的一个重要原因。

以上所述，若要证明，倒也不难，可我不敢举反例。所以，你若说我是以小人心度君子腹，我也不辩解，因为我根本就认为：一切人的一切言说，都是以个体经历和感受为出发点的。我从不认为世界上存在所谓的"理解他人"。如果真的理解了，那也是因为你获得了相似的体验，你理解的——其实还是你自己。

扯远了，说自己吧。

我就以为我的语文很棒。所以，我觉得我的语文学习经验，十分值得推广。

如果说生儿育女，是人类延续个体生命的一种自私的话，那么教师在学生那里回溯自己的成长历程，也不啻是一种公然的自恋。其最初动机，何关乎世功哦。

我的语文能力，是自己散散漫漫、不求甚解、逮啥吃啥地"海读"出来的。除了最初的认字、写字和朗读之外，基本与教师无关。值得庆幸的是，我入中学，碰上的是高考刚刚恢复的年代，那时学生课业负担很轻，教师队伍虽然不够专业，但还保持着大老粗式的淳朴和善良。不像现在的科班一族，迫于生存压力，黔驴技穷，狠招用尽——唯恐学生不憎恨读书。

所以，从这个意义上说，我得感谢我的老师，感谢我所遇到的幸福时代。我的儿子，就没我这么幸运了。

儿子是从五年级开始读长篇小说的。第一部是《红岩》，读了两周。之后，他用一样的速度读完了《林海雪原》《红日》《铁道游击队》《新儿女英雄传》《敌后武工队》《保卫延安》等"红色系列"。因为喜欢，《林海雪原》他连读了两遍。对于《青春之歌》，儿子就很不喜欢："软不拉叽，没劲！"考虑到他的年龄特征，我觉得儿子很有鉴赏水平。

当儿子两周一本、快快乐乐地沉醉于"大部头"的时候。不止一次，我满怀悲愤，也满怀负罪感地看着他的语文书——我觉得我看见的，是一个黑洞，一个超级恐怖的恶魔！

就这么二十来篇小文，其中还不乏空洞、肉麻、无耻的谎言，为了"学好"它们，居然要耗去儿子一个学期的时间。整整四个月里，他和他的同学们预习、听讲、讨论、思考、抄写、记录、训练、背诵、复习、测验、挨罚——老师，自然也是不得闲的。大家心往一处想，劲往一处使，忙到焦头烂额，忙到了无生趣，只为学期结束的那一场考试！而且还未必能考到好成绩，因为试题常常漏洞百出，因为"标准答案"常常搞笑得能气死周星驰。

经历了这样奴性的、琐屑无聊到变态的"语文教学"，学生竟能不提起语文就呕吐，竟能不想杀了我们教语文的——他们的心地，简直太善良了；他们的神经，简直是钢铁炼就的！

多好的孩子啊，太感人了。

同事小李告诉我：周末，她高高兴兴去逛街，遇见当初挺崇拜她的一个小学同学。"那家伙，当上饼屋老板了，西装笔挺，赚钱不少。"开始，小伙子毕恭毕敬地问小李，"在哪儿发财？"当听说当年的偶像是小学教师，而且是语文教师的时候，"他的脸立刻变了！"说到这里，小姑娘的声音里满是屈辱。"他说：我们一家人，最看不起语文教师了！我妈妈说，我原本很聪明的，学语文学的，差一点儿成了傻瓜！"

我幸灾乐祸地笑了："替罪羊，好可怜！不过，对大多数语文教师而言，这个评价，并非冤枉。当然咯，过错也不全在俺们身上。"

由此我知道了：孩子们其实不是如我想象的"太善良"，他们的神经也并非"钢铁炼就"。于是，我的绝望稍稍有所减轻。

大量地、高品位地读；自由地、诚实地抒写；勇敢地、大胆地思考——这，就是我磕磕碰碰一路走来的、越来越坚定的语文学习之道。

我是如此地热爱自己，我当然要将这一点心得落实到教学中去。转眼六年级了，看见他们读《园丁集》《简·爱》《朝花夕拾》《爱的教育》《我们仨》《飘》《三国演义》……我的感觉是复杂的，因为我知道，由于没有碰到好老师、好时代，自己的童年，毕竟还是被耽误了。

不止一次，拿过他们手中的一本书，我告诉他们："老师好可怜，老师是工作以后才读它的！"——至于《三国演义》，我对它的了解，仅限于48本一套的连环画和那部电视连续剧。

更不要说他们思维之大胆与活跃、文笔之灵动与自由了。学期结束，要写个人小结了，方念念信誓旦旦："下学期目标之一：少吃荤，多锻炼。用我的毅力，消灭青春痘！"我又不得不告诉他们："遥想老师当年，我越来越佩服你们。"

当然，这里说的都是佼佼者——大约占了三分之一吧。你若问我：没有你，他们是否就不读经典，不能达到现在的思维和表达水平呢？这，我不能回答。因为很难证明。

但是，我还是愿意把这份虚荣归在自己的名下——反正也不是教学成果奖，也不是什么先进模范称号，根本不用担心有人和我抢。

届复一届，我觉得我的岁月一回回倒流；年复一年，我以自己喜欢的方式，任意地、科幻般地重现往昔时光。

至于统考，中等偏上就行啊——太容易了。

至于他们将来怎样，谁知道呢？

我做，我喜欢。

就这么简单。

以上所述，从第二部分开始，是我放下电话之后的严肃思考——那位充满教育激情的朋友看见了，会作何反应呢？

大约他会说："正理歪说，你怎么这样低调？"

如果够朋友呢，他又必定要笑："这真是小人之心。真是狗嘴吐不出象牙。"

我的严肃，也许只有我自己知道。

想起了一位编辑的话："薛老师啊，你说的很对，也很深刻。可是我们只能作为朋友听一听，笑一笑，再怎么赞同——也是不能发表的。"

电话的这一头，我也笑了："没什么。我写，我喜欢——这就足够啦。"

11. 我们从另一个世界来
　　——我和小安

　　"说完了张择端的《清明上河图》,我想跟大家聊聊诸葛亮的木牛流马和达·芬奇的飞机构图。关于木牛流马,有人说,这是世界上最早的机器人,可是……"

　　铃声响了。

　　"下课。"

　　"老师再见!"

　　"唉!"听见了似有遗憾的叹息——这让我甚为得意!

　　"第二节音乐课,不要锁门。"我边走边说。

　　"知道喽。"不知是谁应了一嗓。知师莫若生,他们——我的孩儿们,当然是知道的。

　　第二节没有课。

　　没有必须处理的"公务",不想上网,也没有写的兴致——五人共一台的电脑总不得闲,我们这台机器,大约是得意于自己的总不得闲吧,一开机,就"嗡嗡嗡"——"嗡嗡嗡"——"嗡嗡嗡",兴致勃勃,俨然是个爱校如家的工作狂!自己用的时候呢,觉得那声音还挺悦耳,甚至挺能刺激读帖、发信、码字儿的激情,可是,一旦坐在屏幕前的不是自己,立马觉得那噪音大得忍无可忍!

　　铃声响起。

　　拥着几日以来爱不释手的《人类的声音》——我去我的空教室。

　　这是春末的阴天,风汩汩地涌动着,从原野直到原野。坐在门窗洞开的屋子里，仿佛就立在苍茫辽阔的原野之上——风中依稀传来说话的声音，风中依稀看见清癯睿智的面庞——尤其是那些孩童般明澈的眼睛。那是人类天空的灿烂星斗啊，他们是耶稣、林肯、罗斯福、玛丽·居里、爱因斯坦、爱默生、罗素、叔本华、茨威格……隔着遥远的时空，隔着更为遥远的文化背景，经由了我爱入血骨的美丽的方块字——经由了我只好意思自己听见的哑嗓子，以古往今来的中国人罕有其匹的豪迈、舒展、坦荡、自信，向我渴慕高天沃野的心灵——他们，亲切真挚地诉说。

近来，我一直想把地球看作某一种生物，但总嫌说不通。我不能那样想，它太大，太复杂，那么多部件缺乏可见的联系。前几天的一个晚上，驱车穿过新英格兰南部树木浓密的山地时，我又在琢磨这事儿。如果它不像一个生物，那么它像什么，它最像什么东西呢？我忽而想出了叫我一时还算满意的答案：它最像一个单个的细胞。

这是《细胞生命的礼赞》。早在几年前，我就读了多遍——在那本《细胞生命的礼赞》里。在关于那个册子的札记中，一下笔，我便绝倒于《世界最大的膜》：

温存广袤、灵秀渊深，仿佛一声轻叹，于不经意间触动了遥远的陌生的心灵——真该让那些无病呻吟的诗人都来读读这段话，准能羞倒一片。因为托马斯·刘易斯，我们有幸见识到：当科学和艺术水乳交融时，白纸黑字的沃野上，将开出怎样璀璨的精神之花。

我同意这样的话："伟大的灵魂总是忠诚地服从、敬慕在它们之上的东西，只有渺小而平庸的灵魂才是另外一种样子。即真诚的人本性上都是顺从的人，只有在英雄的世界里，才会有对英雄业绩的忠诚服从。"（卡莱尔《文人英雄》）我不敢说自己拥有伟大的灵魂，可是因为阅读，我居然拥有了英雄般的圣洁的感觉——我常常沉醉于彻底的、无条件的服从、敬慕、顺从、忠诚——这让我感到很幸福。趋依于伟大，是一种被洗濯、被超脱的神奇感觉——即便无人分享，我也很满足了。何况！事实并非如此。

身后传来了轻轻的脚步声。我笑了，将立着的书放倒，也不回头。似从背后看见了我的欢迎，你也笑了，轻轻坐到我的对面——桌子那么小，小得刚好够我们如此亲近地彼此对着。

"念到哪儿了？"你问。

我不回答。自顾去目录找寻，然后指着其中两篇："就他二位吧。后一篇很搞笑；前一篇，百读不厌啊。"

于是，你接过书，翻到第253页，清了清嗓子——我则习惯性地用双手掩住了自己倦涩的眼睛。

"尼采，《看哪，这人》，我为什么如此聪明……"

"哈哈哈哈……"我放声大笑。

你安静地看着我，等我笑过，然后接着读——然后中间一次又一次被我的大笑和评论打断。我跟你吹瓦格纳——好像我知道的像你以为的那么多，其实我"多"出来的那一点，刚够向你卖弄半分钟！因为你，我常常有被小狗撵着的感觉，总不敢懈怠。——这，你知道吗？

"帕斯卡尔，《人是会思想的芦苇》。论人的伟大。"

思想形成人的伟大。

人只不过是一根芦苇，是自然界最脆弱的东西；但他是一根能思想的苇草。用不着整个宇宙都拿起武器来才能毁灭；一口气、一滴水就足以致他死命了。然而，纵使宇宙毁灭了他，人却仍然要比致他于死命的东西更高贵得多；因为他知道自己要死亡，以及宇宙对他所具有的优势，而宇宙对此却是一无所知。

我抬起头，目光定定地看着你，念出如下的句子："因而，我们全部的尊严就在于思想。正是由于它，而不是由于我们所无法填充的空间和时间，我们才必须提高自己。因此，我们要努力好好地思想，这就是道德的原则。"

"天！"你轻轻喊了起来。我很高兴地知道，这一声喊，不是因为我。

"这就是中国人和西方人的不同。听听他们的圣哲告诉他们什么！思想是道德的原则，放弃思想不仅仅是放弃了权利，更是放弃了作为人的义务。我们这里的情况，恰恰相反。"

"唉！"你叹一声，目光重新落到纸上——落到让我们心醉神迷也让我们黯然悲伤，给了我们多少快乐就给了我们多少痛苦的文字上。

能思想的苇草——我应该追求自己的尊严，绝不是求之于空间，而是求之于自己的思想的规定。我占有多少土地都不会有用；由于空间，宇宙便囊括了我并吞没了我，有如一个质点；由于思想，我却囊括了宇宙。

"好！"我鼓起掌来。

年轻的眼睛里闪烁出异样的光芒，再清一清嗓子，将人之尊严的礼赞重念。然后，你看着我，背道："我占有多少土地都不会有用；由于空间，宇宙便囊括了我并吞没了我，有如一个质点；由于思想，我却囊括了宇宙。"

铃声响起。

我们肩并着肩，双双步出教室。一路上，我们都没有说话，因为我们的心里都满当当的。不约而同，我们朝所有的人微笑。

学生也好，同事也好，看见我们的所有人，他们不知道——我们从另一个世界来。

12. 两地书:"你我是一样的人"
——致《教师之友》编辑的一封信

18岁那年,我成了一名小学语文教师。

如愿以偿的我,喜欢校园的静谧与欢腾;喜欢和孩子们一起嬉戏;喜欢在学期末的最后一课,向孩子们致谢,并沐浴着他们的笑容和感激;喜欢在夕阳西下的时候,品味过去的一天。

这是"我的教室"——在安静得连掉一根针也听得出来的课堂上,只有我的声音在讲述,讲述人世的多姿和美丽。沉醉其间,我体验着教育的快乐,享受着春风化雨的收获。

如今,我还是我,却没有了最初的激情——我已不是我,茫然无助,受制于人;锐气消磨,华发未生,心已苍苍;看似忙碌,其实空虚。自己也知道,作为老师,这种状态会使自己的生活陷入看似安逸实是"堕落"的惯性。我需要思考,需要反省。

但是我感觉自己理论知识贫乏,要是叫我把自己的教学行为上升到教育理论,说真的,我几乎不能!我需要充实,需要提高。我希望自己不仅仅是技术型的"行者",而且是一个思想者。我也知道,知识结构决定着我的素质,也知道自己需要大量读书,使自己能成为半个书法家,半个科学家,半个文学家。但是我又深感自己的生命没有厚度,无法演绎得如此精彩。

作为一个老师,要热爱生活,诗意地享受生活,应该有着如花如梦的情感世界,所以就不应该只关注于教育教学,而应该广泛地学习。艺术是相通的,我们同样可以在别的领域获得对教育的认识,而且,别的门类的知识同样可以为我们的教育教学所用。

生活和教育要兼顾，但这也是相互矛盾的，太过于感性会制约自我，我常常莫名地满脑空白，要不就是激情无限。我喜欢读书，但是对那些大部头书籍，我想"进去"却力不从心。我喜欢的是那些小资类的文章，时髦而又让人向往，那样的生活，那样的情调，温馨、优雅而又不失风度，真让人羡慕。

所幸网络给了我展示自己的平台，投身其中，我又回到了过去。在那儿，我可以获得更多的新知识，结识更多的朋友。我常去的是那些教育网站，比如人教网、教育在线等网络论坛，学习和交流给我带来莫大的快乐。

但毕竟，这样的学习是不够的，没有系统的计划，我还在下坠。学得越多感觉自己知道得越少。我的心灵蒙上了尘，但却不是灰色的，它泛着点点希望之光，需要将尘土清扫，把内心深处对教育的理解清晰地透亮出来，我需要帮助！

刘××

刘老师：

你好！

真巧。接到《教师之友》编辑转发的信件时，我刚刚从邮局回来——刚刚寄出一封信。

来信的也是一位小学语文教师，安徽阜阳人，姓李——多么希望李老师所在的乡村小学也有《教师之友》，那样，她就可以满怀喜悦地看见我的文字了。因为她的境遇比你艰苦，一样年轻，一样力求上进的她，比你更需要帮助啊。

李老师告诉我，她酷爱读书，特别想结识博览群书的优秀教师，以期获得动力。"我的理想是：上课像窦桂梅老师一样好，读书写作像薛瑞萍老师一样棒。为此，我愿意付出很多。"她还请我给她推荐必读书目。

我的回信大致如下——

"李老师啊，你我是一样的人。如果要说有什么不同，那就是：你比我年轻，赶上了比较好的时代。只要你努力，可以拥有比我广阔的未来。

"不要指望别人的帮助，这世界上只有自己能提升自己；也不要迷信什么推荐书目，只拣你感兴趣的好书读吧。至于什么书好，能不能读进去，这就全看你自己的眼光和定力了——因为如果是你不喜欢的，我推荐了也没有用呀。

"读好书有如探险，有人永远被险境中的无限风光拒之门外；有人则进去了，一发而不可收，渐行渐远，在精神的世界里，达到很高的境界。作为教师，这种境界，势必成为承载教育之舟的浩荡春水。"

我还告诉她：

"我是如此地平常，仅仅凭着读书和写作，就和窦老师成为朋友。为此，我付出的代价也惨——眼睛近视得厉害，颈椎也不好。如果从头再来，我绝对不再以牺牲健康为代价来博取进步。所以——年轻的朋友，尽管努力吧，但千万要保重身体。我的格言是：让锻炼和学习成为我们的生活方式。"

刘老师，这些话是否对你有用呢？我不知道。

还是回到你的来信吧。

"18岁""如愿以偿""喜欢校园""我的教室""沉醉""享受"……这一连串的字眼儿，多么令我快慰！读着它们，我仿佛回到20年前，回到初登讲台的时日。在那些日子里，兴奋为学生，消沉为学生，幸福为学生，痛苦也为学生——学生占据了我的全部身心。类似的诗歌我写过太多！

致学生

只要能照亮你

做蜡烛又有何妨

为了让你成为鹰

哪怕你怨

我也要做风雨

锤炼你稚嫩的翅膀

高的天深的海浩瀚无垠的宇宙

明天在你是缤纷的向往

老师刚从学生来

老师的一切属于你

你是祖国的花朵

也是我的希望

现在的我,明白教育仅靠激情和爱是不够的;现在的我,再也写不出那样单纯明净的文字了。可是,我怀念并珍惜它们——因为,如果没有这种纯粹到有点冒傻气的激情,教师不可能有定力潜心修炼,为自己的教育教学注入理性和艺术的成分。

我知道,对教师,人们可以根据不同的标准,将之区分成各种类型,可是,在我眼里,教师只有两种——就是提起"教育"眼睛就发亮、心胸就发热的一种和"除此之外"的一种。我想,成就一个教师的因素有很多,但这"发亮"和"发热",绝对是最重要和最基本的。

我庆幸自己干了 20 年,还保存着这种热度。教育是以爱传递爱、以火点燃火的事业,再怎么"职业化",也和其他行业有着本质不同。如果丧失了激情,年复一年的岁月流转,将变成漫长可怕的劳役,教师也势必成为自身和学生双方痛苦的制造者。

"茫然无助，受制于人；锐气消磨，华发未生，心已苍苍；看似忙碌，其实空虚。"

你的困惑也曾折磨过我——何止是困惑，整整十年，我都在自修法律，时刻想着改行。庆幸的是，在那些"心怀异志"的年头里，我的苦读和尽职是并行不悖的。必须承认，能够如此"正确地处理工作和学习关系"，除了师德的内在约束，也有私心的成分。

我认为，越是要改行，就越要兢兢业业做好本职工作——因为我相信，我所期待的好岗位，只会根据我的"以往"判定是否接纳我，而且我还固执地以为：一个有眼光、值得追随的老板，绝对不会信任一个对学生敷衍塞责的无良教师。

由于各种各样的原因，在现实中，有理想、有锐气的教师，多少都会感觉"茫然""受制于人"，都会在做着自己不愿意做的事情的同时，感到虚无失落。

可是——要知道，那制约你的，也正受制；那使你茫然的，或许已经茫然得丧失茫然的感觉了。从语文教学到整个教育体制，一切都在摸索中，我以为，这正是我们大显身手的机遇啊——试想一想，若是一切道路都被别人铺平，自己剩下的只是沿着"正确的道路前进"，你会觉得有意思吗？

你说是无奈的抉择，也行啊——反正我觉得，作为语文教师也好，作为班主任也好，在应试的岩缝里寻觅播种理想的土壤，在旧有德育的盐碱地里栽种我的教育之树——这是一种类似于探险的有趣游戏——也许，"游戏"的比喻不甚恰当，可是，我们所遇到的种种困境，真是对我们能力和信念的挑战呢。如果你挺住了，你就不仅为自己，也为身边或者远方的同志从铁幕中挣出了一线天光——许多的同志互相勉励，互相支持，那天就渐渐地开阔了呀。

我是一个比较乐观的人，我相信我们的后代必定拥有好于现在的教育环境——但这一切的到来，需要我们付出努力。我的很多好朋友都在做着这件事，艰辛在其中，快乐也在其中。能亲历这一过程，并且贡献自己的力量，我以为是人生之幸。

在众多的爱国诗篇中，艾青的《我爱这土地》是最感人的。为什么？因为它不是自欺欺人或者天真幼稚地一味赞扬祖国的所谓富饶和仁爱，而是直面了母亲的灾难深重——这种建立在"直面苦难"基础上的爱，才真实可靠，才可以转化为"纤夫的力量"。我想，你正经历着透过梦幻看现实的过程；我相信，勇敢面对，必将使你在"看似冷却"的同时，获得更为恒久强大的动力。

说到读书——在我看来，那是和爱学生一样重要的。无论从哪一个方面讲，现在的条件和可供阅读的好书，都比我们当年要优越、丰富许多，可是我感觉现在的年轻人读书的劲头却不如我们了。究其原因，是心境不够沉静，面对"色彩缤纷"的诱惑，大家迷失了自己，陷入了信息垃圾的泥沼。而且，学校里名目繁多的检查、考核、评比、培训……已经剥夺了教师必须拥有的"心灵的余闲"——树欲静而风不止啊。我以为，当教师忙到没有时间读书思考的时候，教育的源泉也就彻底枯竭了——这确是一个很严重的问题！可是在"上面"的问题解决之前，我们作为教师，还是努力发扬雷锋的钉子精神吧。

所以，我特别建议你珍惜宝贵的时间，好钢用在刀刃上。精心选择，要读就读好书——读名著，读经典，即采用学界所称的"经济读书法"。如今的我，不再向人推荐读物了，但是，我仍要重复自己说过的一段老话：

"很多人以为名著读起来吃力、效率慢，因而视为畏途，这是一种错觉。经过历史淘汰，堪称经典的其实就那么几本，大家如果早动手，早用功，啃完它们不是难事。仔细想一想，我们平时浪费在无聊时文（如你所说的"小资类"）上的时间有多少？结果，除了生出浮滑习气，养成惰性，没有丝毫长进。要是把这些时间用在读经典上，几倍的《论语》《诗经》也攻下来了——它们渊深广袤、雄浑朴茂，如精金美玉、高山大海，是一片沉睡的沃野，你在那里付出的每一分心力都将获得回报。

作为读经典且尝足甜头的过来人，我以为，不把这一点告诉年轻人，是不负责任的。

"感觉自己理论知识贫乏，要是叫我把自己的教学行为上升到教育理论，说真的，我几乎不能！"

刘老师，须知，这也是我的"贫乏"和"不能"啊。从前以为，做一个好教师不必读教育理论，为此我还洋洋洒洒、理直气壮地写过《不读者说》。但一年以来，尤其是新的课程标准出台以来，我有了许多新的困惑，感觉需要从严肃系统的教育理论中寻求答案——让我们共同用功吧。

至于说到教育论坛，我以为，这是拯救语文之"文"的一个重要契机。曾几何时，由于电话的普及，书信成为弃物，文字横遭漠视。"我又不当作家，写那么好干什么？"——大家都这么说。

现在的情况不同了！网络的力量有多么强大，文字的力量就有多么强大——如果没有承载了丰硕思想的好文字，你在网络——其实，就是你在未来，就注定只能做沉默的、发不出自己声音的弱势群体。热闹永远是别人的，你只有看和听的份儿。这很残酷，但也很公平——我以为。

论坛上的"杀伤力"全来自网下的修炼啊。我也是一个从对网络嗤之以鼻到不能自拔的意志薄弱者，所以——"少上网，多读书，勤思考"的劝诫，还是留给我自己吧。

就这样结束吧！

新年将近，祝一切好！

你的朋友薛瑞萍

13. 两地书：低眉信手续续弹
——写给青年同行的心里话

开头的话

　　这不是我第一次接受约稿，但这肯定是迄今为止我接受和完成得最为艰难的一次。我不是一个凡事都认真的人，对生活——包括工作中的许多事情，例如红领巾监督岗、"党在我心中"主题队会、"雏鹰小队"捡垃圾、组织签名之类，我从来都是能逃则逃、不能逃则敷衍的。但是对实实在在的教学和教育工作，对写作或者说对教学和教育的发言，我从来都是以全部真诚对待的。也正因此，我才不敢接受，我才迟迟不动键盘，因为我有顾虑：第一，我觉得自己太普通，没有资格谈这么重要的问题；第二，我深知自己的缺陷，怕一己之见的所谓"实话"误导了青年朋友。

　　现在，经过反复掂量，我终于发言了，因为我已经排除了心理障碍。对前一个问题，我是这样想的：既然我认为《教师之友》是中国最好的教育杂志之一，既然《教师之友》认为我行，那么——也许我真的不错。这样想定了以后，第二个问题也就迎刃而解了——反正也不是我要谈的，约稿是你们，把关也是你们，谈得不好，就只能怪你们看走了眼，全然怨不得我了——这颇有些无赖，但这就是我真实的想法。

苦闷之时说抉择

现在是 2003 年 11 月,期中考试刚刚结束。说来可笑,在很多地方都取消了期中考试的时候,我们这里从小学到初中却还煞有介事地调换考场、流水阅卷、各班级排列前六名——"优生"之间自然有一番厮杀,前六名之后的,除了破罐子破摔就是失败的沮丧和畸形的"进取"——对小学生,尤其是对兴致勃勃刚入学的一年级孩子而言,我不知道还有什么比这更残忍了!我越来越觉得教育需要学校、社会、家长全方位地积极参与,不光因为学校的工作需要配合,也因为学校许多残忍愚妄的做法需要具备教育常识的父母予以抗衡或消解。这种想法,在领导和很多敬业的同行看来,自然是落后的。但这点小小的抵触,比起本学期以来遇到的其他不快,还远远算不得什么。

我所在的学校原是厂办学校,这学期划归社会。前三年,我们各拿 70%、80%、90% 的工资——我有许多"以工代干"的同行,当初是因为子弟学校缺教师,才由其他工种改行从教的,他们已经干了二十来年,教师资格、应有文凭都考到手了,有的还成了教学能手,就因为非师范毕业、"出身不正",突然间他们的教师资格又不被承认了:一会儿说工资要往校工那边靠,一会儿说教师资格要重新申报,一会儿又要交什么"买身份费"……几次三番,来回地折腾。看到他们的遭遇,我们这些人的感受,不是幸运,而是物伤其类的寒心。

去年,全市搞行风测评,结果教育系统得分倒数第二。于是,教委要求在 11 月 10 日之前,每一个教师都必须"走入学生家庭,走入学生心灵"——每一个学生都须走到,而且还要请家长在"双走入"联系卡上签明"已家访"!于是,和我搭档的数学老师想请家长来一趟就很难了,那孩子理直气壮地说:"我家人说了,他们上班忙。要谈老师晚上到我家去!"也有不欢迎家访的,预约电话打过去,看见是老师的号码,就不接听了;也有家住农村,几个老师结了伴去,被恶狗堵在村口,家长大笑，孩子出来说"那是我们老师"，大人才喝住狗的……诸如此类，不一而足。当然，更多的教师——包括我，是迫不得已"弄虚作假"的——明说了，就是让家长在回执上签字，以此应付教委的检查。

放学之后，小李老师将学生留下辅导，一个孩子走出校门时自己摔倒了，眼角跌破了一点。这下，李老师吓坏了！她赶紧带孩子到医院去看，赶紧打电话向家长说明情况，看过医生后赶紧送孩子回家。孩子的父母倒也通情达理，没说什么，对此，小李百般感激。但她还是越想越怕：幸好，这只是伤了一点眼皮儿，如果伤得重，影响视力了，他们还能这样好说话吗？即便他们不怪我，但想到自己就因为几道习题，害瞎一个孩子的眼睛，一辈子良心都会不安！更何况，领导说过，为了保证安全，要尽量缩短学生在校时间，最好让他们一放学就回家！至于及格率、优秀率、平均分的硬性考核，以及由此而来的淘汰危机，就是另外一回事了！"看来，今后再要补缺补差，我们得上门服务了！"没有人笑，没有人认为这是不可能的事。"教书这碗饭，真是越来越难吃了。早知道，不做这一行了！"类似的话，我们常常听见。

对青年人来说，这确乎是一个值得掂量的问题。

小李告诉我："星期六的下午，阳光灿烂，一个人在街上闲逛。我左看右看，东看西看，心里就想着一件事：如果不教书，像我这样的，可以做什么呢？站柜台吗？不行，太累，老板的心都挺黑，别的不说，单是那成天吵死人的音乐我就受不了！卖保险？也不行，时时处处被人推拒的感觉我可受不了！做导游吗？像上次带我们的小刘，一条线，一走一个暑假，两个月，上下泰山三十多趟。一样的话来回地说，还要应对各种性情和各种素质的顾客，我可干不来！当护士？太苦！当幼师？太吵！成天和小小孩泡在一起，还不如我这样，至少每天的教学内容不一样，跟着学生一起往上走，多少也有个变化和成就感！"就这么着，一个周末，一趟街头胡思乱想之后，我们小李反而坚定了一颗爱岗的心。

上面一番话，全然是所谓"圈内人言"，并非说教师就真的比其他行业好。说到底，各行各业都有它的辛酸处，当今中国，还真找不到不辛苦、不残酷、没有竞争、没有危机的行业。这样想通了，心情就会平和许多。

对那些在歧路彷徨的年轻同行，我要说的是：如果有机会、有能力，不妨寻找更适合的发展空间；如果没有，不如安下心，踏踏实实把这一行做好。否则，三心二意之间，耽误了学生的同时，也耽误了自己的一生。

我为什么喜欢教书

做教师，最初很有几分不情愿，我是在教了若干年以后，才不知不觉发觉自己离不开讲台，离不开学生的。蓦然回首，惊见真我那一瞬的震撼，我至今记忆犹新，也许，这就是所谓的"体制化"吧。在我发表的《毕竟东流去》里，我写道：

人要认识自己不是一件容易的事，要不是那段"再求职"的经历，到今天我还有可能心猿意马、徘徊歧路呢——是我的性格原本就适合做教师，还是教书育人的生涯已经改变了我？哪怕个性是石，职业是水，日复一日、年复一年的浸润与冲击，也会在石头上留下深深的痕迹，何况我原本就是一个怕见勾心斗角的书呆子。

并非人人都能从事自己喜欢的职业，对那些激流勇进的弄潮儿，我深怀敬意。而我，则宁愿守着一方干净安稳的讲台，做一回冷眼向洋的看客。日子不是过给别人看的，鞋好鞋坏脚知道；金钱有价，快乐无价，自己觉得好才是最好。

"你为什么要做教师？"

有意思的是，这样的问题，在美国也常常被人问及。因为那是一个永远处于100℃经商高热的国家，那里有无穷无尽的动力促使你挣钱再挣钱。当然那里的答案也是多种多样的，我最喜欢的回答是："教书当然不会使我发财，但这一行可以使我不卑不亢、堂堂正正做人！"

在学校，我爱提意见是出了名的。每当我回到家里，得意洋洋地炫耀自己的抗争战果，或者慷慨激昂地声讨领导这不对那不对的时候，先生总是说："这也就是在你们学校。像你这样的，搁我们单位，早被晾一边了。你能，你有个性，我不用你行不行？现在的世道，原本就是人多事少的！"

这话不无道理。我知道，自己之所以能够如此嚣张，除了领导的宽容之外，还有一个重要的原因，那就是我知道自己在学生及家长心中的位置，是一种人们无法视而不见的巍峨——这使我挺起了腰杆。

有这样一副对联，是专门讽刺一手遮天的长官意识的：

上联："说你行你就行，不行也行。"
下联："说不行就不行，行也不行。"
横批："不服不行！"

我想，这种可怕的情形，在教育行业可能要好多了。有学生、家长的众目睽睽和火眼金睛在，教师的好坏，就绝对不是领导一张嘴可以说了算的。世界上什么人都可能为了某种目的而颠倒黑白，但是孩子和家长对教师胡说八道的现象，我还没有遇到——即便有，也是极个别，不至于令人恐怖。这便使得永远也学不会圆熟的我，可以由着自己的迂阔和耿直，屏除杂念，一意孤行——只要书教得好、班管得好，只要赢得了学生和家长，就能获得充分的安全感和成就感，就可以"不卑不亢、堂堂正正做人"！对我而言，这是生命中至关重要的。

单纯、直率、理想化、书卷气，这些特质已经融入我的血液，成为"我"本身。如果我换一个行业，它们很可能成为我致命的弱点，可是作为教师，它们却成了我难能可贵的优点。所以，我无法不珍惜自己正在从事的这份工作。

我喜欢教书的另一个重要原因，是我喜欢读书。对教师来说，这是和爱学生一样重要的。我想，在诸多职业中，教师是为数不多的可以让我在上班时间公私兼顾、尽情饱读的一行。我深以此为幸运。

和语文教师谈读书

我有一位朋友告诉我，他是上了北京大学才读到《唐诗鉴赏辞典》的。放声诵读《春江花月夜》的时候，他因为极度的幸福而泪不自禁，同时，想到从前所受的语文教育，不能不对自己的语文老师充满鄙视和憎恨！因为他们拿着工资兢兢业业做的，就是白白地耽误孩子，百般地折磨孩子，使他们一生憎恨读书，憎恨语文。

常常看见——老师挖空心思，把一篇既不深也不美的课文掰开了揉碎了，百样红紫地演绎解说，真替他难为情！我觉得那种茶壶里面起波涛的所谓"教学艺术"，还不如旧时代的私塾来得实在，因为那时的所谓死记硬背，其实也是从《三字经》《百家姓》《千字文》开始，循序渐进来的。况且，我们今天的语文，要求孩子背的也不少，而且很多都是支离破碎的谎话、伪知识和语言垃圾。

现在各地都在轰轰烈烈推行新课改，很有些削足适履和形式主义的倾向。对此，我有一个固执的想法：中学也好，小学也好，语文的事情哪有那么复杂？教师自己先爱读书读好书了，再使学生爱读书读好书；教师自己先把文章写好了，学生熏呀熏的也能写得不错了；教师上课出口成章了，学生学呀学的，也能意畅辞达，甚至富有文采了——不就得了吗？

在我看来，所谓的"课改"，就是让语文回到语文。所以，陶行知、叶圣陶、蔡芸芝、老舍……包括三味书屋的寿镜吾，倘能复生，依然是最好的语文老师——才不管他这性那性呢！想想卢梭、高尔基、安徒生、三毛、郭沫若、张海迪，包括韩寒、郑渊洁……他们的成就和语文教师何干？不过是自读自取自上进罢了！所以，语文真的是可以无师自通的。教师能做和最该做的，乃是激发、提升孩子的阅读兴趣和品位。怎样做到，这才是值得研究探讨的。但是无论如何，教师自己喜欢读书，是做到做好的第一前提。

回想这么多年，讲读式、启发式、谈话式、互动式……见识了各种类型的教学模式，真所谓潮起潮落，你方唱罢我登场。老师们常说，这一头还没学会呢，新名堂又来了。作为懒人，我的对策是：以不变应万变，一心一意只做我喜欢和我认为最重要的——自己潜心读书，带领学生潜心读书。

腹有诗书气自华，才到高处重也轻。读书读到一定程度，可以说，语文教学也好，班级管理也好，很少有事情可以难住我的。平时上课就是妙语连珠、舌灿莲花；掌声不断、笑语相连；或悲或喜、或嗔或怒——调动学生的情绪，像乐师按动琴键一样得心应手。学生坐在我的课堂上，想开小差都难。

至于公开课，说白了，和写文章是一个道理：开头如爆竹之燃放，突如其来；结尾如钟磬之轻叩，余音绕梁；该问处问，该议处议；当松便松，当紧便紧；字斟句酌，环环相扣；高潮迭出，起伏有致……有什么呀！

课堂教学效果好了，课业负担自然轻；课业负担轻了，学生自然乐意读；学生读书多了，上课就更轻松；上课更轻松了，他们就更喜欢读。长此以往，底厚力足，浩然之气渐渐生成。什么思维呀，表达呀，分析呀，写作呀——鱼儿养到大海里，想小都难呢。

与此相应，我的负担大为减轻，我的工作甚为愉悦。课堂上要么就是兴致勃勃，说得自己和学生如醉如痴；要么就是学生写作业，我自顾抱书而读——这明明就是在干私活呀。所以我的心也挺虚，往往给那"闲书"的封面包个皮儿，以掩人耳目。可学生的眼睛是雪亮的！于是朱戈也看《苏菲的世界》，张美君也读《简·爱》，夏璇也读《科幻世界》，方念念也读《乱世佳人》……他们看着诳呐。

"这个班的孩子最爱读书、最活络、最聪明了，刚刚读四年级，就能发表文章！"这样说着，家长满心都是幸运的感觉。

所以，我在上班期间，八小时倒有两三个小时是可以自由支配的。干什么？看书、运动、听音乐，和朋友散步聊天呗。要不就找一间空教室，放开了破锣嗓子自我陶醉（小学教师的嗓子大多是比较破的）——

如果你们有信德像芥子那样大，即使你们对这棵桑树说：你连根拔出移植到海中去！它也会服从你们的。

……

风急天高猿啸哀，渚清沙白鸟飞回。无边落木萧萧下，不尽长江滚滚来！

多年以来，除了放假，在家我几乎从不读书。干什么？看电视、听音乐、陪儿子聊天、陪母亲散步……当然，现在又多了一件事，那就是上网——和全国各地的教育精英们交流。

所以，虽然自知"小学高级"便是我事业的顶峰；虽然缺少荣誉的光环；虽然目前每月只拿600元薄薪——可是我仍然觉得自己挺成功的。

渊深与激昂

从1998年暑假开始，我在合肥市小学教师培训中心任教，所授课程是语文班的主课：《小学语文教学概论》。大概是因为我的课比较开放，比较有趣，学员反响还不错。在众多的赞誉中，我听得比较多的就是："薛老师，你读的书真多。像你这样有学问的人教小学真是太可惜了。"

现在，因为在网上发帖较多，文字论及较广，说同样话的朋友也很多。我的想法是：我是否"有学问"姑且不论，就算我是"有学问"

的，教小学何以便是屈才呢？当好小学教师绝非易事，其中甘苦又岂止是"先进""优秀"之类的称号所能涵盖的？去看看学生们那一双双渴求的眼睛，去思量一下学生无保留的信任，任你有多么渊深的学问，多么博大的胸襟，也会常常愧疚于自己给予学生的太少太少。

  当我看到陈独秀晚年呕心沥血编出的《小学识字教本》时，当我读到梁实秋等一批鸿儒绞尽脑汁，为小学生编写的"来，来，来上学；去，去，去游戏"的国语课文时，心中满是自豪，同时又感到惭愧。我想，如果我是中学语文教师，念及自己有过朱自清、梁漱溟这样的同行，也会作如此浩叹的。自豪也好，惭愧也罢，我喜欢这种感觉，因为现实有着太多的无聊和烦恼，我需要借着这股激情，洗濯和提升自己，超越平凡沉闷的生活。

  一沙一世界，一花一天堂。无论什么事情，只要你钻进去，都会有无穷的收获和乐趣。中国教育需要像魏书生、李镇西、窦桂梅那样的名师，通过担任领导、通过著述、讲学，把自己的思想和经验推广开去；也需要立足本位、心无旁骛，几十年如一日地在自留地里耕耘、思考的人。我愿意是后者，我也只能是后者——与人周旋是我的弱项，我只擅长啃书本和跟学生打交道。如果我能够在后一方面取得一些成就，这和我在前一方面的低能是分不开的，正是基于这一点自知之明，我才能够比较早地明确应当把自己的热情和精力投注到哪里。

  每当需要自我介绍的时候，我总是认真地自报家门："小学教师薛瑞萍"，自我感觉还不错。我当然知道，并非所有人都如此想，业内外对小学教师不屑一顾的大有人在，普遍存在于男性同行中的自卑情绪便是最好的证明。这是不该发生的事情——整个社会亏待小学教师了。

  我盼望在不太久远的将来，在中国，小学教师能够凭着过硬的整体素质和良好的生活待遇而真正成为全社会尊重的职业。仓廪实而知礼节，撇开待遇求素质，其愚昧之甚，胜于缘木求鱼。

  当那一天到来时，有幸的又岂止是小学教师？

结束语

现在想起来,《教师之友》请我发言,是有着特别意义的。由于我的缘故,"成功"和"出色"的标准变得不再单一。在中国,在今天,在各种艰难、困惑、压抑、苦闷中默默耕耘的教师成千上万,有幸罩上荣誉光环的毕竟是少数,最终能够成名成家的更是凤毛麟角。那么,可否这样定义"优秀教师":只要你凭着自己的才学和敬业,进取和探索,取得了实实在在的教学和教育成绩,赢得了家长和学生的敬重,拥有了心灵的充实和愉悦,你便是成功的?

最后,我想用我在"教育在线"广而帖之的一段话作为本文的结束语:

一家人健康平安和睦,
为此我要千万次的感谢上苍。

做愿意做的,
说愿意说的,
读喜欢读的,
写喜欢写的,
并且可以以此谋生,
这就算得人间至福了。

如果再有三两知己,
那就是神仙梦不到的最高境界。
我以为,
自己正在此最高境界中。

14. 两地书：语文不光是课
——给网友"笑语嫣然"的回信

嫣然，匆忙之间，昨天的话没有说透——因为网络写作的缘故，我的口语表达能力正呈现可怕的退化趋势。很多时候，我更愿意在帖子或短信里，用文字来说明。可惜我的视力不好，否则，日吐万语也不在话下的。

我说："语文不是课。"

这不对。

现在，我认为比较合适的说法是：

语文不光是课——语文最不是那种放之四海而皆可的模式课。语文应当是一股美丽的生命之流；语文是"这样的老师"面对"这样的学生"的交流、碰撞与共同成长。失去了心知肚明的相知默契，失去了耳鬓厮磨的相亲相悦，我觉得那课，好比一个钻头，发力于一个总是打滑的工作面，其实质作用不容乐观。

当然，借班上公开课的价值也是不言而喻的，因为此时观摩者见识到的名师风采，绝对不是演员似的背台词可以做到的，那也是平常功夫的展示，是一种厚积薄发。公开课上得最好的，必定也是将自家园地经营得最为丰茂繁美者。

只是我觉得，为了展示，为了若干饱满圆润的珍珠，而在细枝末节上精打细磨，耗费时间和心力——从而失却了清溪沐足、惠风满袖之乐，于我自己很划不来。

昨天的读书课上，我检查寒假作业——学生介绍并推荐自己在寒假期间读的好书。

我十分高兴地发现：他们已经知道享受语言了。六年级学生能在情节之外，品味文字美感，这实在是一件令我欣慰的事情。一位女生说："关于《格列佛游记》，它的语言是多么幽默，我只想给大家念一段小人国的公告说明：……我们伟大的国王脚踏地心，头顶太阳。他像春天般的快乐，夏天般的舒坦，秋天般的丰饶，冬天般的可怖……"

同学们都笑了，然而好文字如同好旋律，是需要反复回味才能在记忆和感悟中立将起来的。于是，我请求："夏璇，再给我们念一遍吧。"这遍之后，我自语似地念出："我们伟大的国王脚踏地心——"

学生齐声读："头顶太阳。他像春天般的快乐，夏天般的舒坦，秋天般的丰饶，冬天般的可怖……"

嫣然，你说，这样的情境，我如何可以预见？如何可以设定？在"别人家里"又如何可以出现？就是在自己家里，如果你组织一批人来观摩我的阅读教学，能给你看的，也只能是按部就班的展示——而真正的灵光和快乐，将由于宽松环境的丧失，而被遏制到最可怜的程度，你看见的美丽是绢花而非鲜花。

还有一个男生推荐的是《三国演义》。显然，他是练熟了才上台的。长阪激战、林中摔子、玄德子龙、之乎者也，滔滔不绝，如是而下——古白话的韵律美由于童声而显得格外动人。同学们听得满目惊羡。

于是，我说："我是主张你们互相交换着读的。可是这样的书，我建议你们人手一本，没事可以比着念，看谁读得溜！你们要感谢熊伟，由于他的出色朗读，撩得老师嗓子痒痒。下节阅读课，我给你们念张晓风的散文，寒假里，你们大师哥做眼保健操的时候，我就读给他听。"

我将给他们念《许士林的独白》。在那个阳光灿烂的下午，儿子先是躺着听，然后立在我的身边，最后，当我的声音于努力的克制中保持平稳时，我的一米七几的儿子，他背过身子去了——我知道，他不想让我看见他已经落泪。

地毯这头张晓风

篱笆那边狄金森

百样红紫素纸上

万种风情笔管中

这是我贴在教育在线论坛上的对联——有好几百副呢。这个寒假是快乐充实的，一个主要原因是寒假里有张晓风，有张晓风回旋缠绕、蕴藉芬芳的语言。

"当年教授不许我们写白话文，我就乖乖写文言文，就作旧诗，就填词，就度曲……"书的最后，《晓风素描》道出此中天机。我不无卑鄙地嘀咕一声："早说不就得了吗？我猜也是这样！"于是，我重读《古文观止》。然而，我还是喜欢她的散文——仅仅是散文。

嫣然，很可惜，网上没有《许士林的独白》，我本想打一大段给你，可是又不想让眼睛太累。就这样结束吧。

附：

这就是语文

马玲（网名"笑语嫣然"）

我一直这么坚定地认为，直到现在也是这样，作为一名第一线的语文老师，一个精彩的课堂教学案例比一大堆论文更重要。

为此，我一直像只蚂蚁一样，孜孜不倦地收集、阅读着各种课堂教学实录，著名特级教师的精品课，各种级别的优质课，还有邮购的、下载的，林林总总，奉若至宝，不但自己学习、借鉴，而且组织老师们研究、探讨，尤其是在有公开课任务的日子里，我们更是集思广益、精益求精，甚至细微到每一个教学细节的处理：课前和学生的谈话，课始的激趣，突破重点的方法，学生朗读的指导，信息交流的控制，课后的延伸拓展等等。在人无我有、人有我新、人新我异、不断翻新的花样变化中，我们的课令人啧啧赞叹。然而，在行将"技穷"的才思中，我忽然想：什么是语文？我们应该怎样教语文？我们所自我陶醉的"课堂效果"对学生的学习究竟有多少裨益，我们花费大量的时间精力精心设计的"教学高潮"真能在学生身上激起同样的高峰体验？我们不惜人力物力精心制作的课件是否真如"昙花一现"？教师的生命不只是演绎在公开课的赛场上，更多的是沉淀在每一天、每一节课中，那么，最常态的语文课，应该怎么上？

我相信，我所困惑的这些问题，是许多有独立思想的老师心中一个最大的难解的结。

可是，今天，这个结被一把神奇的剑劈开了，没有冗长繁琐的形式，没有花哨新鲜的技法，有的只是最朴素、最真实、最常态、最原汁原味的一节语文课。

这就是薛瑞萍老师的《詹天佑》。

站在台上，我就是语文。
——薛瑞萍

薛瑞萍老师是安徽合肥的一名小学语文老师，她课堂的独特就在于凭借自己深厚的文学功底及由此而来的独特见解，在课堂上旁征博引，左右逢源。对学生，她所做的只有一样，即一直倡导大量的、高品位的阅读。我是她的老读者了，在被她众多的教学随笔吸引的同时，更加想看到她的课堂。

当在碟片上真真切切地看到薛老师教学《詹天佑》时，我还是被深深地震撼了。

一个世界轰然坍塌，一个世界又立起来。

开课就让我吃了一惊，在这样的大型研讨会上，她居然没有做任何与学生"拉近情感"的"热身运动"，而是开门见山。要知道，这可是与会代表现场抽课、老师现场备课的呀。

"我们今天学习《詹天佑》。"

"关于詹天佑，我想知道同学们对他是否有所了解。有知道的吗？请告诉我们。"

她是那样自然，那样平和，自然得好像在她自己的课堂，平和得好像面对的仍是那些朝夕相处的亲切的脸庞。

可是，这毕竟是在舞台上啊，毕竟台下有几百双审视的眼睛盯着啊。你不紧张，也应该说上几句，开个玩笑什么的，放松学生，展示自己啊！

你善写文章，更应该知道上课与写文章一样啊：

起句当如爆竹，骤响易彻；结句当如撞钟，清音有余。

开卷之初，当以奇句夺目，使之一见而惊，不敢弃去。

起要美丽，中要浩荡，结要响亮。

可是，写出那么多清丽字句、那么振聋发聩的《你是谁》的你，就这样开了头，随意得好像顺手为学生系上了一粒散开的钮扣。

而这个迷惑，直到昨天晚上我才从你的话里找出答案：

"站在台上，我就是语文！"

能这样掷地有声地"梆梆梆"甩出这几个字的语文老师还能有谁？

是的，一个语文老师就应该是语文，胸中沟壑蕴有无数传奇，眼角眉梢尽染唐诗宋词，老师吸引学生的，不应是令人称奇的噱头，而应是最最朴实的语文大料。

请看——

在介绍"詹天佑接受修筑京张铁路任务"的背景时，薛老师说：

11岁的詹天佑，孤身一人，漂洋过海，寄居在一个美国家庭，异国求学，一去8年。同一批经考试留洋的孩子都差不多大。为什么呢？鸦片战争之后，列强瓜分中国，九州大地，狼烟四起，清政府也意识到科技落后、人才缺乏是中国积贫积弱的重要原因，于是，他们招募选拔才俊之士外出求学，可是他们又担心这些人学成之后，就在当地娶妻生子，生根发芽，不再回来。应当说这种担心绝非多余，西方国家无论是物质生活待遇，还是科研工作条件，都比当时的中国好很多。对科学家而言，最有诱惑力的，是可以自由地从事科学工作啊。于是，清政府就想出这么一个比较孩子气的策略：派小孩子留学，这样，8年之后，他们还不到20岁，在达不到西方国家的法定婚龄，也没有经济来源的情况下，必须回国。于是就有了这么一批娃娃留学生。我们常说，国家兴亡，匹夫有责。其实，国家的兴衰，何止是匹夫，就是小孩子，也同其枯荣啊，当一个国家极端衰弱的时候，连他的儿童，也要分担落后的巨痛。就这样，詹天佑经历了8年刻苦学习，毕业于美国耶鲁大学土木工程和铁路工程系，学成回国，将自己所学回报给灾难深重的祖国。

在学习詹天佑勉励工作人员的那句话时，薛老师又说：

说这话的时候，詹天佑的身份是老师，也是领导。一个大的工程，其实就是一所学校。老师的家乡在安徽佛子岭，那里有著名的佛子岭水库，有中国第一所培养水利工程师的学校。京张铁路的修筑，使中国有了第一批自己的铁路工程师，所以，在这里，詹天佑传授的是技术，更是爱国的心。这种爱国之心，在他下面的一段话里，更能体现出来。看见那段话了吗？

当学生又读了詹天佑的这段话时，"这是中国人自己修筑的第一条铁路，一定要把它修好；否则，不但惹外国人讥笑，还会使中国的工程师失掉信心。"薛老师抓住"信心"开始辐射了：

在很多情况下，当我认为我行的时候，我就真的能行了。谈谈信心对人的作用吧。

最初想到这种设计的人，多么了不起，就像一个著名的航海家……

武松赤手空拳打死吊睛白额猛虎……

这期间，我一直关注着学生的变化，从表情到发言。

孩子们可能有些不适应，是的，在各种公开课泛滥的今天，孩子们有时比老师更会作秀。我就曾经亲眼见过某省级赛课后，在舞台后面的休息处，上课老师像喂养小动物一样散发着精美的小礼物。孩子们是辛苦了：一遍遍地排演训练，还要如同第一次接触课文一样面对台下众多听课老师的眼睛。我也曾经听过上录像课的时候孩子善意地安慰：老师，别紧张，谁都有出错的时候。于是，一次次重来，一次次伴作激情。可是今天，学习内容是现场才拿到的，学生没有充分地预习，甚至没有完整地读过一遍课文，有的只是真实的课堂反应。

我看见孩子们的神情非常专注，因为他们听到了从没有听到过的东西，我看见有些孩子的眉头深深地皱了起来，因为他陷入了思考，自主地思考，以至发出了自己的声音：

师：谈一谈，你们认为外国人的嘲笑有理由吗？

学生1：有理由，因为当时的清政府腐败无能。

学生2：没有理由，因为帝国主义者对中国的情况还不了解，我们已经有自己的铁路工程师了。

学生3：有理由，因为中国当时太落后。

学生4：没有理由，因为我们已经有詹天佑了。

学生5：有理由，虽然有一个詹天佑，但那么多困难不是他一个人能克服的。

学生6：没有理由，中国人是有志气的！詹天佑是有志气的！

学生7：有理由，当时中国落后的不仅仅是科技，更是政府腐败。

如果政府是腐败的，光有几个科学家有什么用呢？

学生8：有理由，因为这是第一条完全由中国人自己修筑的铁路。在这之前，中国的铁路都是由外国人设计修筑的。这是第一条完全由中国人自己修筑的铁路，而且还那么难，外国人认为很多困难他们都不能克服，中国人当然更不行了。

忽然我觉得眼睛里有些潮潮的了，我们经常说孩子是学习的主体，这不就是最活生生的证明吗？把孩子当作一个最个体意义上的人，跟他进行最平等的交流。

> 白纸黑字，这就是语文。
> ——薛瑞萍

写下这句，我忽然觉得语文在我眼里好纯粹，好简单，好透明。

曾经有一段时间，为了语文课堂的人文性、工具性、语文味，我不知道该如何做才能上出符合种种要求的语文课来。

初听这句话时，我的心中一下子明朗了许多。语文课就是自己和学生的课堂，白纸黑字，这就是语文。老师引导学生对白纸黑字有感情，这就是好的语文课。

在多媒体课件愈演愈烈的今天，虽然也有许多老师认为它虽直观，但是扼杀了学生的想象力，使学生的阅读品位只限于音像教材，只限于卡通漫画等精神快餐。那么，课堂上曲终人散后留给学生的是什么？学生再回到那清静寂寞的书桌前，他还会怎么面对？但是，我们在上公开课时有胆量不用多媒体吗？有胆量不靠这些声色光电的刺激而仅凭白纸黑字的语文来吸引学生吗？

字里行间走一遭，跳出语文教语文。

这些话我们都会说，可是做得又如何？

当薛瑞萍老师凭借知识素养在课堂上征服学生的时候，我清楚地记得，她的学生说过这样的一句话：我们爱听薛老师讲。

的的确确，老师的素养和学生的学习是结合在这白纸黑字中的。

"让我们看书，用书上的话来回答吧！"

"请你把这句话再读一遍。"

"想一想，老师让他重读的原因是什么，我们齐读。"

"告诉我们，你说的是哪一段文字？"

"请注意我读到的哪些词语，让你耳熟了。"

有些地方她反反复复，强调再强调，比如詹天佑说的那几句话；可是有些地方就是读读画画，画完再读读，比如两种隧道的开凿。学生就是这样学会了怎么去读书，怎么读懂书。

读书，写作，对话，思考。这就是语文。
——薛瑞萍

我爱读，带学生读；我爱写，带学生写；我爱思考，带学生思考。老师台上口若悬河、灿若莲花，学生下面对答如流、滔滔不绝。这就是语文！

这是我和薛老师在通电话时听到的一段。真遗憾，我当时没有准备笔记本，但是这段话如刀刻般记在了心中。不觉地，我想到她许许多多的话，太多了，就像黄河一样浩荡奔流：

读和写的循环，是我根深蒂固的生活方式，如生命的流泉，如果停止了，阻滞了，我的日子就失去鲜洁和明净；我之为我，就丧失了欢悦和活力。很大程度上，教——维系我们的"共同事业"，不过是供水给可以流淌的一条人工的渠。因为它，在办公室，乃至于课堂上，我都可以理直气壮地读；因为它，篇复一篇，我文字的温和与劲健，在教育随笔里得到培养和磨砺。

　　大量地、高品位地读；自由地、诚实地抒写；勇敢地、大胆地思考——这，就是我磕磕碰碰一路走来的，越来越坚定的语文学习之道。

　　薛老师的文字，我读得最多的是她的读书笔记，光跟着她的笔记，我就买了多少人的书呀：狄金森、张晓风、王小波、里尔克、马斯洛、泰戈尔……

　　在学生面前，薛瑞萍简直就是一座活的图书馆。

　　还记得在郑州时我告诉她：我刚看了杨绛的《我们仨》，问她有没有看过，她说正在读，是学生的。当时，我心里一动，老师和学生之间，用书做纽带的联系怕是最美的师生关系了吧。

　　不禁又对照起我来。我也是一直鼓励提倡学生读书的，可是总觉得缺些什么，关注薛老师，关注她的文章，关注她的课堂后才恍然大悟：书是要去读的，是要去悟的，是要去用的。而我，则仅限于浅尝辄止，课外在读，而课内仍然是按部就班的老一套，所以学生的收获也就限于开阔眼界了。而薛老师的课堂，则像一串美丽的珠链，以教材串起了那篇篇美丽的故事，在高品位的阅读中，孩子成长着。

　　所以，薛瑞萍的这些话给我的启发就更大了。

　　复制自己，是最大的丑恶。

　　所以，她骄傲地向我宣布：她的《猴王出世》有三个不同的版本：自己班上的一个，外校老师来校时借五年级学生上的一个，千里迢迢奔赴濮阳上的一个。相同的教材，不同的学生，就有了不同的灵动的充满生机的课堂。

　　这又是怎样的境界！

　　当我再回想到听某些特级教师的课，和课前买到的实录几乎只字不差的时候，当我再回味"本色语文"的时候，心里又有几重巨浪翻起。

无招胜有招。这招,就是平常读写思的积淀。

一条充满绿荫的路在我眼前铺开了,老师和学生行走其间,讨论读书心得,记下点滴收获,阳光下树荫斑斑驳驳,生命充满着诗意的美丽。

教学应该如此美好,尤其是语文。

15. 毕竟东流去
——十七年教师生涯回顾

找到自己

1981年，我以全县第二的高分考取中专。那时候，中专比高中难考。因为家境贫寒，读高中念大学的好事，我做梦都没有梦到过。

有恃无恐，报志愿时，我不假思索，依次填了门槛最高的前四所学校。师范——录取分数低，有伙食补贴，因而为人所讥为"稀饭"，我瞄都没瞄一眼。

老天惩罚了我的狂妄，事情的结果是喜极而悲：因为第一志愿限招女生，我被一路耽搁下来，四个志愿全部落空，到手的"铁饭碗"岌岌可危。

张皇失措时，霍山师范招生的同志发话了，问我是否愿意去他们那儿——对从得意的顶峰落到无助的低谷的人来说，这是救命的稻草。

就这样，做学生时倔强顽劣，让老师头疼不已的我，被人们认为最不可能当教师的我，成了一名师范生。学校条件极其简陋，女生宿舍陈旧破败，老鼠在大白天里公然"游行"，男生住的竟然是草屋。

整整三年，我深陷于怀才不遇的怅恨和鹤立鸡群的孤苦。从进师范的第一天起，改行的念头就占据了我的心。因为没有明确目标，就以"诗人梦"作了替代。于是，当同学们顺理成章地松弛下来时，我却比初中更发奋了：借、买、抄、写，夜以继日地读，如饥似渴地学。周末，大家都出去放松，我乐得一人独占寝室，诵《过秦论》《长恨歌》

《琵琶行》《叶甫盖尼·奥涅金》《吉檀迦利》《先知·沙与沫》……

现在想起来，一切都是冥冥中注定了的：是改行的野心使我在即将松弛的关口再度绷紧自己，歪打正着地完成了由被动学习到主动学习的过渡。不知不觉中，读书成为我的内在需要，成为空气、水一样的不可或缺者——直到现在。

毕业后，诗人梦变为律师梦：为了"理想"，我硬着头皮苦读，法理、法律条文占据了我的业余时间。靠着自学，我取得了法律专科文凭，并于1992年通过繁杂苛刻的律师资格考试，拿到了资格证书和营业执照。

在这一漫长而艰苦的奋斗过程中，由于天性使然，个人理想和工作责任感并行不悖，成堆的奖状和证书见证了我的敬业。而且，对那段苦役般的"弯路"，我至今不悔：系统的法律学习，为我的思维注入了单纯的"文学爱好者"所没有的理性。而且，那番自虐式的孤军奋战，使我的毅力和定力得到近乎残酷的训练。到如今，我之所读，多为大家视为畏途的艰深者，非艰非深则不过瘾——皆是得益于此。

在为跳槽而奔走的日子里，我出入法院、律师事务所、法律顾问处，见识了外面的残酷和精彩，也强烈意识到自己与之格格不入。从开蒙到教书，不管愿不愿意，二十多年的学校生活已经将我深刻地"体制化"——单纯、直率、理想化、书卷气，这些特质已经融入我的血液，成为"我"本身。作为教师，它们是优点，可是一旦换了环境，立刻成了醒目的缺陷。外人同情的目光让我自卑、恼怒和无地自容。是的，我可以变，但是如果我变了，那还是我吗？我还会快乐吗？面对灯红酒绿的应酬场，置身话里有话的周旋地，我的不适和抵触一次强过一次。我反复问自己："我这是何苦呢？"

终于，在一次"求见"扑空之后，我撑不住了，出门时，沮丧得几乎要哭。一起来的朋友劝道："还有下次嘛，别灰心。"

"你知道我一直在想什么吗？"

"什么?"

"每到这种地方,我就想到自己的办公室。地板开裂,屋顶漏雨,寒碜得很。以前只觉得它拥挤、破败,一心要逃离。可如今,我越来越觉得那里温暖、安全,因为在那里我是自由自在的,那是我的另一个家。还有,我从来没有像现在这样频繁地想到我的学生,连那最调皮的,都觉得可爱。骂也骂过,打也打过,可他们从不记恨,转脸就笑,转脸就喊老师好……"

人要认识自己不是一件容易的事,要不是那段"再求职"的经历,到今天我还有可能心猿意马、徘徊歧路呢——是我的性格原本就适合做教师,还是教书育人的生涯已经改变了我?哪怕个性是石,职业是水,日复一日、年复一年的浸润与冲击,也会在石头上留下深深的痕迹,何况我原本就是一个怕见勾心斗角的书呆子。

并非人人都能从事自己喜欢的职业,对那些激流勇进的弄潮儿,我深怀敬意。而我,则宁愿守着一方干净安稳的讲台,做一回冷眼向洋的看客。日子不是过给别人看的,鞋好鞋坏脚知道;金钱有价,快乐无价,自己觉得好才是最好。

提供法律援助,为一个死刑犯作二审辩护,这是我作为律师办过的唯一案件,而且居然成功了。我没有到兼职单位领取劳务费,没有报销办案所花的差旅费,惨淡经营十数年的改行梦,就此结束。换来的是找到自己的踏实和宁静——我以为值。

时在 1994 年。

公开课

最初"出名",靠的是公开教学。参评课、汇报课、示范课,从 1989 年到 1998 年(所在工厂于 1988 年搬出霍山),从区三等奖到市一等奖,我上遍省城所有窗口学校。阶梯教室里,学生几十教师几百的隆重与辉煌，使我渴慕成功的心得到极大满足。

我很早就知道：公开课，在相当大的意义上，是上给"大人"听的。备课要备教材、备学生，更要备评委和听课教师。为了成功，同行使尽浑身解数：朗诵、唱歌、板书、简笔画、自制课件，甚至跳舞。这些我通通不行，我的功夫就在口里、脑里——凭着深厚的文学功底及由此而来的独特见解，我的教学具备了别人"学不来"的磁力和煽动性：旁征博引、左右逢源、亦庄亦谐、文采斐然，"吐佳言如锯木屑，霏霏不绝"。作文之法被应用于教学设计：布局谋篇、精心策划；起承转合，环环扣合。恍惚间，讲台成了聚光灯下的舞台，我常常需要将语音一再压低。

现在看来，那是炫才，是表演。在"家里"，我最喜欢的是讨论：先将课文读熟，然后提问，作答，各抒己见。什么问题都有人问，什么想法都有人说。那才叫实在、热烈、有趣呢。

老师，"碰钉子"是什么意思？

哈，连这都不知道！

不许嘲笑同学！如果他不问，老师绝想不到解释这个词，也许不懂的不止他一个呢，我们要学习他的勇敢。你现在就告诉他，什么叫"碰钉子"！（《刺猬》）

小麻雀眼看被吃，屠格涅夫为什么开始不出声，到最后才唤回猎狗？

屠格涅夫是猎人，猎人的心肠都是比较狠的！他的枪上就挂着兔子、飞鸟呢。在猎人看来，猎狗吃麻雀算得了什么？这一回，屠格涅夫实在是被老麻雀的勇敢无畏感动了。（《麻雀》）

"我俩又挑拣了肖形的石粒，让'台湾''海南'等岛屿依偎着'祖国'。"老师，我认为不能这样说，因为台湾、海南也是祖国的一部分。（《中国石》）

看戏坐到好位子,应该感到"好惬意"才对,为什么说"好不惬意"?(《开演之前》)

廊下问童子,言师念经去。只在此楼中,角落不知处!(《寻隐者不遇》)

这是真话,其时我正读《诗经》。专寻没人的僻静处"念经",此乃我的癖好。

别以为"讨论法"简单,如果教师没有以学养为根基的威信,不具备引导学生往高处去的能力,三两个回合下来,教室就成茶馆啦——"放"的前提是能收,"散"的前提是不乱。看似"懒惰"的办法不是人人都适合的。

这样的课只能在自己的班级上,供人"看"时,难免有"作假"之嫌。

公开课,有多少不带表演色彩的?但是,"借班"仍有它的优点在:挑战教师的底蕴,锻炼教师的应变能力和教学机智。而我,也正是在这一过程中,尝到了博览群书的甜头。

1998年,作为年纪最长的选手,我参加合肥市中小学课堂教学评比,获一等奖,并因公开教学的名声而被评为"合肥市先进教师"。对厂办子弟学校的教师而言,这是难得的殊荣,再要往上去就很难了,而且——我也倦了。

从那以后,我坚辞一切公开课,每逢评优,便声明退出。一时间,"薛弃权"成了我的外号。我却不承认,因为我没有放弃选举权,对那些我真心佩服的老师,我拉票可积极啦。

至于我自己,"隐逸"之中其实藏着迷人的目标:不再为外在压力所苦;读愿意读的书,做愿意做的事;让自己和学生尽量过得宽松、舒服——在如今的教育体制下,这实在是教书人的至福。

鼓吹读书

1997年春,合肥市教委语文教研室主任许俊真来校视察,听了一节《雕凤凰》,对我的"内功"及学生"超过同龄人"的思维、表达能力赞赏不已。

"暑假你到培训中心,给老师们讲讲课吧。"

"可是,我刚刚报名,今年夏天要去那儿听课呢。"

"那就明年来吧。讲授语文班的主课《小学语文教学概论》。"

做学员时,我便多了一个心眼,结果大为沮丧:教学要素、教学模式、讨论特征、讲解要点、板书方式、知识迁移;思想品德教育的渗透、非智力因素的培养;识字教学法 X 种,阅读教学法 Y 种,作文教学法 Z 种!讲者苦口婆心、照本宣科,下面的人各行其是:溜号、聊天、听音乐、吃零食。看小说——那是最有修养的尊师行为了。天哪,到明年,这课我可怎么上?

退堂鼓敲到了"伯乐"跟前。许主任言道:"要说理论,我相信,就我校的师范生,随便谁都能说一大套,系统还漂亮——整整三年,学的考的就是这个嘛。可是有什么用呢?学好语文的正途在于阅读,教好语文的前提是博览群书。可是现在的教师,除了应付各种考核、测评,有几个能静下心来读书?我们请你来,就是要你谈谈这方面的感受——这样的道理,必须出自一线优秀教师之口才有说服力。不要受教材束缚,讲得越开放越好!"

如释重负的同时,我感到欣逢知己的亢奋:"是啊是啊,鲁迅先生告诫文学青年不要让《小说写法》之类的东西骗了时间和钱,好文章是靠读好书熏出来的。从前的大师,是先写文章出了名,然后才被聘去教书。老舍先生的《月牙儿》,是为教'意识流'而写的范文。现在的教师,爱读能写的还真不多。"

于是,我不遗余力地鼓吹读书,一连讲了三个暑假、六个班级。

每到最后一课，我必在黑板上大书黄庭坚的一句话：

一日不读书，则语言无味，面目可憎。

如我所料，有人被刺痛了："面目可憎？不至于吧。"

我说："此语过分吗？对一般人来说，是苛刻了点。但是我们是干什么的？我们是教人读书的人啊，自己先就不读书，怎么得了！谁以为不能接受，谁就尤其需要牢牢记取——这是我的座右铭，送给大家，与大家共勉。"

到现在，还有学员和我保持联系，他们称之为"充电"。

"听了您的课非常激动，非常有紧迫感，恨不得不吃不睡地读。可是不久就松懈下来，需要再听您吹一吹，才能鼓起劲来。"

"这叫知易行难。我们引导学生读书也是一样的道理，理智上懂得多少读书的道理，也不如接触一个书香蕴藉的人更能激发读书向上的欲望——所以，你该理解我的学生何以容易上路，我的班级何以读书成风。"

"有空来玩！"

"不敢。"

"为什么？"

"最近没读书，面目可憎，怕见老师！"

因为公开课、继续教育和发表文章的原因，我在"圈内"多少有了点名气。常有年轻朋友来信、来电话，要求指导读书、开列推荐书目。我想就此机会一并作答。

我读书比较勤快，一般每周一本（古书相对慢些）——同事戏称之为"吃书"。因为各人的基础和兴趣不同，所以很难有的放矢地开列书目，为负责起见，我只列自己反复读过的经典。

中国古代：《诗经》《论语》《世说新语》《红楼梦》《老残游记》《人间词话》《唐诗鉴赏辞典》《唐宋词鉴赏辞典》等。

中国现代：《野草》《沉默的大多数》《家》《骆驼祥子》《艾青诗选》

《舒婷顾城诗选》《穆斯林的葬礼》《我与地坛》等。

外国：《希腊的神话传说》《忏悔录》《复活》《安娜·卡列尼娜》《生命中不能承受之轻》《变形记》《苏菲的世界》《牛虻》《简·爱》《呼啸山庄》《细胞生命的礼赞》《叶甫盖尼·奥涅金》《红与黑》《爱的艺术》等。

很多人以为名著读起来吃力、速度慢，因而视为畏途，这是一种错觉。经过历史淘汰，堪称经典的其实就那么几本，大家如果早动手，早用功，啃完它们不是难事。仔细想一想，我们平时浪费在无聊时文上的时间有多少？结果，除了生出浮滑习气，养成惰性，没有丝毫长进。要是把这些时间用在读经典上，几倍的《论语》《诗经》也攻下来了——它们渊深广袤、雄浑朴茂，如精金美玉、高山大海，是一片沉睡的沃野，你在那里付出的每一分心力都将获得回报。

一勤养百懒

鲁迅、郭沫若原本学医，卢梭基本没有上学，高尔基在半流浪状态度过童年，郑渊洁小学没有毕业，张海迪自学成才……这样的例子不胜枚举，从一定意义上讲，语文是可以无师自通的。因为他所读过的每一本好书都是使他的思维能力、表达水平、精神境界得以提升的最好老师。

少年是人生的宝贵阶段。单就语文学习而言，如果一个人在他可塑性最强、记忆力最好、学习兴趣最旺盛的年龄里所做的，只是抠教材、做习题，那么对孩子来说，这是最可痛惜的禁锢和浪费。

学好语文的根本，在于大量地、高品位地阅读，除此以外，别无它法。在我看来，评价学生语文水平的标准可能有若干条，但最重要的只有一项：他是否具备了相应的阅读能力。和分数相比，这是"软指标"，然而比起分数，它对孩子一生的意义不知重要多少倍。

基于这种认识，自一年级汉语拼音教学结束之日起，我"一天也不敢耽误"，开始有步骤有措施地培养学生的阅读能力。

最初以为人的精力毕竟有限，"分心"多少要影响考试。本着对学生一生负责的使命感，我做好了牺牲"教学业绩"的准备——我很为自己的"崇高"感动了一把。

然而，不久我就发现，自己做的其实是鱼与熊掌兼得的美事——考试成绩非但没有降低，反而比外校同年级学生高出一大截。现在想来，这是情理中事：阅读一旦上路，应试自然不难。不就是字、词、句、阅读理解、作文吗？当书读得足够多、足够好时，考分便成了水载之舟，想低也不可能了。

与邻校交流阅卷时，对方教师不止一次掷笔浩叹："薛老师，我们的学生和你们的完全不在一个档次。思维这样灵活！文笔这样老练！要不是亲自阅卷，别人说给我听，我都不信。你先停一下，我读一段给你听。"

这就是我的同座李小娟：好吃、贪玩、小心眼，还经常影响我的学习。我是中队委，可是我不准备帮助她，因为我找她谈过，一点用处都没有。再说了，学习的事情，如果自己不用心，别人再帮也是白忙啊。连老师都不能改变她，我又能起多大作用呢？我已经警告过她了：再要吵得我听不好课，我就告诉老师，不跟她同座了！（《我眼中的同座》）

都说文人相轻，作为教师，再没有比来自同行的赞赏更可自豪的了。我得意，我兴奋，我不失时机地推销经验：

"这孩子，三年级就读《苦儿流浪记》《海底两万里》，现在正在读《爱的教育》呢。"

"怪不得。再看这一篇，字不漂亮，前面扣分也不少，肯定不是优等生。可是语言多有个性、多有味道！"

我的缺点有许多，最大的毛病就是一个字：懒。能躺着我绝不肯坐起来，能坐着我是绝不肯站的，能站着我绝不肯走，能走我是绝不会跑的。每次洗脸的时候，我都要搬来凳子，把脸盆放到上面，然后坐在沙发上慢慢地洗。（《我眼中的自己》）

"这小姑娘可有意思啦。别看性子慢，读书品位却不俗，最爱背诗了。徐志摩的《沙扬娜拉》，岳飞的《满江红》，背得好着呢。

"抓阅读——实在是一勤养百懒的好事！上课轻松，作业一点点，学生舒服我潇洒；上班一天，倒有半天干私活——看自己喜欢的书。"

诗意的河

生命是一条河，需要流动，需要吸纳。读、写、教，以自己的方式与外部世界进行健康的交流。日子由此而变得开阔、深邃、美丽——这是我想要的生活。

我越来越坚定地相信：不是我选择了小学语文教师这一行，而是小学语文教师这一行选择了我。我知道，像我这样的人很少，我们是盐，给世界带来"味道"是我们的责任。

如果我们同意人在俗世之外需要诗意的超越，如果我们相信童年是人生的重要阶段，那么，对已经做了和将来要做我学生的那些孩子而言，得遇我为师，是他们的幸事，因为——他们的童年将不同了。

有成就、受尊敬、在前进，这是"诗的感觉"，是灵魂提升的体验。它使我感到自己更强壮、更成熟、更有力。我在这里，作为一个能量巨大的"场"存在着。日复一日，接触、熏陶、激荡，生命的河流澎湃起伏，阅过人间沧桑美丽，流向我要去的地方。意识到这一点，我无法不充满自豪感，这种激情势必感染学生、点燃学生，于是，他们的学习也变得富有诗意了。

辑 三

书籍，一片丰沃的原野

1. 老天真的大实话
—— 《论语》札记之一

《论语》早就读过，但我没有留下什么深刻的印象。我只觉得单单从这本书来看，无论是把孔子奉为两千年来第一圣人，还是劳师动众地将其批判砸烂，对于一个民族而言，都是一件挺没面子的事情，很有点高射炮打蚊子的味道，至少使后人显得心智不够高远，胸襟不够开阔。

儿子正上初中，需要夯实古文功底。于是，我逼着他读《论语》。在督促的过程中，我也顺便把这本不同寻常的小册子细细琢磨了一回，觉得还是王小波说得对：

> 读完了《论语》闭目细思，觉得孔子经常一本正经地说些大实话，是个挺可爱的"老天真"。自己那几个学生老挂在嘴边，说这个能干啥，那个能干啥，像老太太数落孙子一样，很亲切。老先生有时候也鬼头鬼脑，那就是"子见子南"那一回。出来以后就大呼小叫，一口咬定自己没"犯色"……我喜欢他，要是生在春秋，一定上他那儿念书，因为那儿有一种"匹克威克俱乐部"的气氛。至于他的见解，也很一般，没有什么特别让人佩服的地方。（王小波《沉默的大多数·我看国学》）

"仁"和"礼"是《论语》的核心，也是《论语》中最为空洞和肉麻的部分——真的，我读《乡党第十》时，周身的鸡皮疙瘩起了若干层，终于因为无法忍受而半路丢开，跳到了《先进第十一》。本着《论语》"己所不欲，勿施于人"的忠告，我特赦儿子略过了这一章。我想："如果一个人能喜欢这一章，并且将它的教义贯彻到行动上，那就很难说他是一个人还是一条蠕虫或一截木桩。"

所以，相比较而言，还是"仁"和"礼"之外的大实话来得可亲。在那里，你读不到任何崇高的感觉，那里所有的，只是和你我一样的平常心。

比如，对言而无信的卑鄙行径，孔子的恼怒溢于言表，他几乎有点气急败坏了："人而无信，不知其可也。大车无輗，小车无軏，其何以行之哉？"（《为政第二》）

比如，孔子一生强调的是对君忠、对友信。而事实上，凡忠信之人，大多会遭遇以怨报德的悲惨经历。于是擅长文学的子游叹道："事君数，斯辱矣；朋友数，斯疏矣。"（《里仁第四》）要知道，在自称"无终食之间违仁，造次必于是，颠沛必于是"（《里仁第四》）的老师那里，类似的痛苦又何尝少。于是，面对学生的困惑，他只能伤感地劝解："忠告而善道之，不可则止，毋自辱焉。"（《颜渊第十二》）意思就是说：诚恳地规劝他，实在不听就算了。不要自取其辱，自找没趣。

正是本着成人之美的善良用意和对世道凶险的深刻了解，孔子才不厌其烦地告诫弟子，要学会自我保护，要记住安全第一。类似的叮嘱随处可见："暴虎冯河，死而无悔者，吾不与也。必也临事而惧，好谋而成者也。"（《述而第七》）"笃信好学，守死善道。危邦不入，乱邦不居。天下有道则见，无道则隐。"（《泰伯第八》）"邦有道，危言危行；邦无道，危行言孙。"（《宪问第十四》）

体会一下，有没有可怜父母心的味道？

再比如，当子贡说："我不欲人之加诸我也，吾亦欲无加诸人"时，孔子的回答是："赐也，非尔所及也。"（《公冶长第五》）

"非尔所及也"！这就意味着：人生在世，不仅要忍受束缚，有时还要违心地强加于人压制人——也不管内心深处对自己的所作所为是怎样的鄙视和不满——人生的沉重和不自由就是这样的现实与恐怖！"非尔所及也"，轻轻五个字，使"己所不欲，勿施于人"成了理想，这中间包含了多少人生的无奈和叹息。

至于孔门的师生关系，还是用儿子的话来评价比较好，他不止一次地感叹道："做孔子的学生真幸福。""孔子好可爱。"孩子到底是孩子，让他津津乐道的不是"颜渊季路侍""子路曾皙冉有公西华侍坐"，而是"子见子南""宰予昼寝"和"樊迟问稼"之类——老师被学生逼得发誓固然可笑，老师骂学生不也好玩吗？无论如何，儿子的眼光是直率的，在他看来，孔子既不是高高在上的圣人，也不是某某阶级的代表，孔子就是孔子：一位庄严而不失敦厚的长者，一个可亲又不免迂腐的老师，虽然这位老师发急时也要骂学生是朽木和粪土。

至于说到《论语》给中国社会发展带来的负面影响，我认为，这笔账算不到孔子头上。酒不醉人人自醉，一生颠沛流离、惶惶如丧家之犬的教书先生，哪里能对后世的进退兴衰负责呢？更何况，经了后人的加工，《论语》中厚道诚实的部分日见消减，到最后，只剩下一副冰冷僵硬的躯壳，成为钳制和压迫的工具。在这里，我甚至不愿意把账算到所谓的"历代统治者"身上，因为我相信，任何统治都是经了人民的默许或者说在人民能够容忍的范围内才能成立的。

虽然有过"苟有用我者，期月而已可也，三年有成"（《子路第十三》）的大话，但我相信，这样的豪言壮语，孔子只是姑妄一说，连他自己也没有当真。真实的夫子情怀在这里：

老者安之，朋友信之，少者怀之。（《公冶长第五》）

暮春者，春服既成，冠者五六人，童子六七人，浴乎沂，风乎舞雩，咏而归。（《先进第十一》）

一生饱经沧桑，其赤子之心不改。天真而诚实的，我把孔子当作一位不错的同行来尊敬。

2.《论语》、孔子及我
—— 《论语》札记之二

课程已经结束，离考试还有些日子，于是，我照例带学生"念经"。我是想起哪儿说哪儿，海阔天空，随兴所至；学生是能懂多少懂多少，全无负担，姑妄一听——所谓师生皆大欢喜，就是此时情形。今天说的是《论语》：

子曰："父母之年，不可不知。一则以喜，一则以惧。"（《里仁第四》）

子曰："饭疏食，饮水，曲肱而枕之，乐亦在其中矣。不义而富且贵，于我如浮云。"（《述而第七》）

子贡曰："师与商也孰贤？"子曰："师也过，商也不及。""然则师愈与？"曰："过犹不及。"（《先进第十一》）

一边听讲，一边跟读，随着《论语》从容和谐的韵律，学生情不自禁地摇晃他们的身体或脑袋，彼此看见了，发出会心的愉悦的笑——这和我当年的情形是多么不同。

作为1960年代出生的人，同样是在小学，我知道孔子是在"批倒""批臭""踏上一万只脚"的"疯人院"中。义愤填膺，带领我们这帮屁事不懂的孩子"批林批孔"的，恰恰就是教师。在厂矿，这一工种的地位实在不高：家长冲击教师的家，学生贴教师大字报，那是再平常不过的事情了。

即使在校内,"教育阵地"的领导权也被苦大仇深的"工宣队"牢牢掌握,他们一口一个"大老粗",自豪地将意味自己天然正确的身份招牌四处炫耀。正宗的"老九"大多被扫地出门,教我们的大多就来自车间。他们做得最多的,不是教学,而是带领"革命接班人"没完没了地投身政治运动:学工、学农、学军、大批判、大宣传、忆苦思甜……

那些教师,他们的心情如何?他们是否有属于自己的想法?今天的我,还真不能猜测。抚今追昔,我只能庆幸于时代的进步——这便使我能带着学生,用一种既非圣贤也非罪人的平常心来解读孔子、欣赏孔子。

由于职业的缘故,关于《论语》,我留意最多的是他们师生的言谈,也就是孔子"教书育人"的真实细节。还由于藏着一颗拒绝崇高、怀疑崇高的小人之心,阅读中我万分欣喜地发现:高山仰止的"万世师表"其实挺普通,也很幽默——他调侃学生,也常遭学生揶揄;情急之下老师也骂人,甚至还打人:

子曰:"道不行,乘桴浮于海,从我者,其由与?"子路闻之喜。子曰:"由也好勇过我,无所取材。"(《公冶长第五》)

子路曰:"卫君待子而为政,子将奚先?"子曰:"必也正名乎!"子路曰:"有是哉,子之迂也!奚其正?"(《子路第十三》)

宰予昼寝。子曰:"朽木不可雕也,粪土之墙不可污也。于予与何诛?"子曰:"始吾于人也,听其言而信其行;今吾于人也,听其言而观其行。于予与改是。"(《公冶长第五》)

原壤夷俟。子曰:"幼而不孙弟,长而无述焉,老而不死,是为贼!"以杖叩其胫。(《宪问第十四》)

"以杖叩其胫",就是拿拐杖敲那个年轻人的小腿,谁叫他如此无礼,见了老师还岔腿坐在地上呢——这倒没什么,有趣的是夫子的那句千古名骂。我要是挨敲的原壤，必定当时就笑破了肚皮——"老而不死，是为贼"！天呐，老头准是给气糊涂了，这明明是在骂自己呢。

经了很多事，读了很多书，我终于明白：既不要在意社会的苛求和虚赞，刻意把自己往圣贤方向折磨；也不要徘徊歧路，满心委屈，觉得世人都亏待了自己，真不想干，大可跳出"圈子"另谋发展，没人会阻拦；要做就踏踏实实地做，因为这是我的谋生之道、衣食所在，人不该对自己的"饭碗"漫不经心。如果碰巧干成事业，干出乐趣，那是我的福气。当我想通这一点时，乐趣也就真的来了——启迪我的，是很多事情、很多书，这其中，《论语》功不可没。

子曰："富而可求也，虽执鞭之士，吾亦为之。如不可求，从吾所好。"（《述而第七》）

其实孔子和我一样想发财，和我一样除了教书别无长物啊。"苟有用我者，期月而已可也，三年有成。"（《子路第十三》）"如有用我者，吾其为东周乎！"（《阳货第十七》）——这些壮志，这些豪情，不过是一个迂夫子的狂言而已，诸侯不信，我也不信。这也好，心放踏实了，书才能教得比较漂亮。

没权没势，有教无类，知不可为而为。年复一年的周游列国、颠沛流离，常常惶惶如丧家之犬——这样的一个狼狈的家伙，何以能够拥有弟子三千、贤人七十二？对我来说，这是一个极具诱惑力的问题。要解答它，我以为最好的方式是抛开光环、抛开程朱、抛开空洞无用的"仁"和"礼"，不带任何框框，只以一个同行的心去体会、去感受《论语》。

因为已经得益，并且期待更大的收获，所以，我第三次读它——顺便也让我的学生淋一点毛毛雨。如果将来他们中有和我同行的，我一定极力怂恿他读《论语》。

3．说孝
——《论语》札记之三

儒家重孝。在《论语》中，孝的标准是严厉的："今之孝者，是谓能养。至于犬马，皆能有养。不敬，何以别乎？"（《为政第二》）在孔子看来，有养而无"敬"，就是将父母当作犬马来对待。何谓"敬"呢？下面的两段话权且可以看作答案——

孟懿子问孝。子曰："无违。"樊迟御，子告之曰："孟孙问孝于我，我对曰'无违'。"樊迟曰："何谓也？"子曰："生，事之以礼；死，葬之以礼，祭之以礼。"（《为政第二》）

子曰："事父母几谏。见志不从，又敬不违，劳而不怨。"（《里仁第四》）

如果说，前一段话由于"礼"的抽象而不免空洞；那么，后面一段话就足以令心智正常的人感到了实实在在的压抑和窒息：它要求做子女的无论是非曲直，无条件地将自己的意志置于父母的统制之下。父母有错只能谨慎委婉地劝说（几谏），当自己正确的意见被拒绝时（志不从），仍然要恭敬地服从父母（敬不违），宁可在心中忧愁，也不能有怨恨的表示（劳而不怨）。

试想，行孝一旦到了这种地步，做父母做子女岂不是一样丢人？在精神的领域里，孩子是永远的侏儒，其卑下程度比奴隶还不如，因为受奴役还可能是因为抗争的失败，还可以是沉默中的蓄势待发，而所谓的"敬不违"则是将自己独立的人格完完全全地心甘情愿地灭杀在父母脚下的烂泥里。尊卑双方都畸形扭曲到了令人憎恶的地步——一代又一代，奉行如此伦理道德的民族怎能不走向病态和萎缩？

"父母在，不远游，游必有方。"如此孝子贤孙，哪怕走到海角，走到天涯，其心智也走不出父母的笼罩，这真是可怜的事情。

当然，也有温存的亲情自然流露的时候，比如"父母之年，不可不知。一则以喜，一则以惧"。

然而，我真心喜欢的还是这句话：

子夏问孝，子曰"色难。有事，弟子服其劳；有酒食，先生馔，曾是以为孝乎。"（为政第二）

是的是的，替父母做事（服其劳），让父母吃好喝好（先生馔），都不是很难办到的事情，也算不上是真孝顺。最难得和最不容易做到的是：无论何时何地，面对父母总是一副眉开眼笑的样子——像一个傻瓜，也不管自己的内心有多苦，也不管父母的行为是否对。孔子啊孔子，原来你也知道"敬不违"的艰难，原来你也尝过绝对"行孝"的痛苦，原来要求别人的——你也未必能做到。

说到底，你也是一个凡人。

知否，知否，就是因为这无意中泄露出来的一点俗态，你才显得真实可爱。

4. 喜欢颜回什么
—— 《论语》札记之四

众多学生里面，孔子最喜欢颜回。

这一点是显而易见的，单是表扬颜回的内容，著名的"子曰"就有：

贤哉，回也！一箪食，一瓢饮，在陋巷，人不堪其忧，回也不改其乐。贤哉，回也！（《雍也第六》）

回也，其心三月不违仁，其余则日月至焉而已矣。（《雍也第六》）

子谓颜回曰："用之则行，舍之则藏，惟我与尔有是夫！"（《述而第七》）

值得注意的是：为了赞扬颜回，孔子总是有意无意地拿别人做铺垫——"不堪其忧"的"人"里面，自然包括学生中的不求上进者；"其余则日月至焉而已矣"，为突出一人，孔子不惜贬低颜回之外的其他弟子；"惟我与尔有是夫！"，重哉斯言，所谓千顷良田一棵苗，这是何等的殊荣。

更有甚者，当鲁哀公问及"弟子孰为好学"时，孔子不假思索地回答道："有颜回者好学，不迁怒，不贰过。不幸短命死矣，今也则亡，未闻好学者也。"（《雍也第六》）——既不怕犯了众怒，也不忌讳有违中庸之道，老师的偏爱，一至于此。

无怪乎当颜回"不幸短命死矣"，孔子悲痛欲绝：

惜乎,吾见其进也,未见其止也。(《子罕第九》)

苗而不秀者有矣夫,秀而不实者有矣夫。(《子罕第九》)

颜回死,子曰:"噫!天丧予!天丧予!"(《先进第十一》)

颜回死,子哭之恸。从者曰:"子恸矣!"曰:"有恸乎?非夫人之为恸而谁为?"(《先进第十一》)

失态了,是不是有点歇斯底里的味道?

孔子一生授徒,号称门人三千,贤者七十二。能在众弟子中脱颖而出,独得夫子垂青,颜回究竟有什么过人之处呢?

《论语》之中,除了"子曰",还有不少影响深远的"贤弟子曰",比如——

有子曰:"其为人也孝弟,而好犯上者,鲜矣;不好犯上而好作乱者,未之有也。君子务本,本立而道生。孝弟也者,其为仁之本与!"(《学而第一》)

子夏曰:"仕而优则学,学而优则仕。"(《子张第十九》)

子贡曰:"君子之过也,如日月之食焉:过也,人皆见之;更也,人皆仰之。"(《子张第十九》)

更不要说是篇幅众多俨然夫子状的"曾子曰"了:对他的"吾日三省吾身""任重而道远"和"鸟之将死,其鸣也哀;人之将死,其言也善",中国人大多耳熟能详——应当说,这些议论既是从师学习的心得,也是自己德行修养的有力证据。

而颜回呢,孔子欣赏他的不外乎两条:一曰好学,二曰德行,即所谓的"仁"。既然颜回是那样的好学和好仁,他应当有更多的"立言"

才说得过去。然而，令人奇怪和遗憾的是，《论语》中最缺乏独立见解的恰恰就是他！少得可怜的几句话里，有影响的，为后人反复引用的又恰恰是：

> 颜渊喟然叹曰："仰之弥高，钻之弥坚；瞻之在前，忽焉在后。夫子循循然善诱人，博我以文，约我以礼，欲罢不能。既竭吾才，如有所立卓尔。虽欲从之，末由也已。"（《子罕第九》）

我相信这是真话，但多少有点肉麻。

仿佛是为了证明我的感觉，《先进第十一》里有这样一段，子曰："回也非助我者也，于吾言无所不说。"

这就是说：孔子也明白，颜回其实是一个没有什么实际用处的人，孔子特别喜欢他，只是因为他特别喜欢听孔子说话。

"于吾言无所不说"——在儿子跟前也难以得到的绝对的恭顺和倾听，孔子在颜回这儿得到了，这是多么巨大的心理满足！圣人也是常人，也害怕孤独，也需要奉承。在这一点上，颜回把老师服侍得妥妥帖帖欲仙欲死。

子路最直率，他用行动和生命实践了老师的教诲，死就死在太听话上了。然而，当着老师的面，他却动辄"不说"，且批评老师的"名正言顺"是"有是哉，子之迂也"。孔子肯定也很喜欢他，然而，他必定不如颜回得宠。

至于请学稼的樊迟和昼寝的宰我，已经被老师斥为小人和朽木了，与颜回更是不可同日而语。

最令人不平的是子贡，他的能力是出类拔萃的：经商于曹、鲁间，富至千金。参与政治，历仕鲁、卫。聘问各国，与诸侯分庭抗礼。曾游说齐吴等国，促使吴伐齐救鲁。当有人诋毁孔子时，他说：

> 仲尼不可毁也。他人之贤者，丘陵也，犹可逾也；仲尼，日月也，

无得而逾焉。人虽欲自绝，其何伤于日月乎？多见其不知量也。(《子张第十九》)

更为难能可贵的是：当别人认为他的贤能超过孔子时，子贡说：

譬之宫墙，赐之墙也及肩，窥见室家之好。夫子之墙数仞，不得其门而入，不见宗庙之美，百官之富。得其门者或寡矣。夫子之云，不亦宜乎！(《子张第十九》)

何其真诚而感人！孔子说过，"德行：颜渊、闵子骞、冉伯牛、仲弓；言语：宰我、子贡；政事：冉有、季路；文学：子游、子夏。"(《先进第十一》)

从子贡的话里，我们领略到了子贡言语之丰美犀利，更感受到子贡对老师的一片赤心。

孔子有一段话是专门讽刺那些没有实际用处的书呆子的："诵《诗》三百，授之以政，不达；使于四方，不能专对；虽多，亦奚以为？"(《子路第十三》)读此言，总让人不由自主地想到颜回——有一次，孔子问及他的志向，他竟然说："愿无伐善，无施劳。"(《公冶长第五》)真是消极低调到了极点。要知道，儒家柔则柔矣，却是积极用世的，果真如此抱负，大家还用得着勤学苦修吗？不识字，做个老好人得了。

知生莫过师，孔子肯定也注意到了颜回和子贡的差别，他说："回也其庶乎，屡空。赐不受命，而货殖焉，亿则屡中。"(《先进第十一》)孔子是在为颜回抱不平呢，如果可能，他宁愿受穷的是子贡而不是百无一用的颜回——这样的偏心未免过头了。

"于吾言无所不说"，就凭这一条，"非助我者也"的颜回，成了孔子最得意的门生，且赢得了"复圣"的尊号，这份哀荣是否名不副实？其实想想也没什么奇怪的：越是思想深邃的哲人，其孤独感就越是刻骨铭心，其渴求倾听与理解的欲望就越发强烈不可遏制。作为无权无势的一介儒者，孔子不可明说的心理需求在颜回那里得到了极大的满足——如果你也常苦于欲诉无人的切肤之痛，你就会明白，单凭这一点，孔子怎么偏爱颜回也是不过分的。举个通俗的例子来说，那么多劳燕分飞的失败婚姻，造成夫妻感情破裂的，有多少是因为大是大非的原则分歧，又有多少是因为彼此厌倦没话可说的"小事情"？

士为知己者死，女为悦己者容。相知相悦的心理需要，对任何一个正常的人来说，其重要的程度绝对不亚于衣食所需。

更何况，颜回不仅是一位倾听者，还是孔子的知音。颜回对孔子的学说有着非凡的领悟力，他对老师的崇拜是发自内心的，有文为证：

子谓子贡曰："女与回也，孰愈？"对曰："赐也何敢望回。回也闻一以知十，赐也闻一以知二。"子曰："弗如也。吾与女，弗如也。"(《公冶长第五》)

所以，不要以为我会因为看穿了孔子喜欢颜回的真正原因而小觑了孔子——不会的，在我心里，孔子只能因此而变得更加可敬可爱。

想到了不起如孔子辈，终其一生也只有一个知己，且又中道夭亡、撒手而去，让孔子哭天嚎地有如乡村愚妇，我就有一种平衡的快感——孔子尚且如此，何况是我。

5. 俯仰无愧谢安石
——《世说新语》札记之一

三川北虏乱如麻，四海南奔似永嘉。
但用东山谢安石，为君谈笑净胡沙。

——李白《永王东巡歌》

少年读此，我便觉豪气冲天，同时也牢牢记住了一个重量级历史人物的名字：谢安。

谢公与人围棋，俄而谢玄淮上信至。看书竟，默默无言，徐向局。客问淮上利害，答曰："小儿辈大破贼。"意色举止，不异于常。（《雅量第六·儿辈破贼》）

淮上即淝水，所谓的"淮上利害"，其实决定着东晋的生死存亡。东晋太元八年（公元383年），前秦大举南下伐晋，江东大震。由于谢安运筹得当，八万晋军在谢石、谢玄的率领下于淝水击败八十七万前秦大军，并乘机北伐，收复大片失地。淝水之战是以少胜多的著名战例，是东晋历史的转折点。使谢安名垂青史的，正是此战。

当谢安游栖东山，屡招不仕时，东晋人士异口同声地叹道：

安石不肯出，将如苍生何？（《排调第二十五·新亭送别》）

隐居的谢安是否真的心如止水呢？"捉鼻而语"实在是一段很有意思的夫妻对白：

初，谢安在东山居，布衣，时兄弟已有富贵者，翕集家门，倾动人物。刘夫人戏谓安曰："大丈夫不当如此乎？"谢乃捉鼻曰："但恐不免耳！"（《排调第二十五·捉鼻而语》）

显然，他并不想老死林泉。在谢安看来，获得荣华富贵如探囊取物一样容易，然而仅有富贵是不能让他感到满足的，谢安对自己的才能有着充分的认识，他想干一番惊天动地的大事业。他在等待机会，伺时而出。

谢公始有东山之志，后严命屡臻，势不获已，始就桓公司马。于时有人饷桓公药草，中有远志。公取以问谢："此药又名小草，何一物而有二称？"谢未即答。时郝隆在坐，应声答曰："此甚易解。处则为远志，出则为小草。"谢甚有愧色。（《排调第二十五·一物二名》）

郝隆的话，让我们见识了什么是典型的迂腐之见。四十余岁的谢安东山再起，使清谈流弊的东晋少了一个吟啸自足的隐士，赢得了绝处逢生的机会；也使谢安把自己的能量发挥到极至，最大限度地实现了人生价值。时势造就英雄，英雄也以自己的胆识和才略为历史写下了壮阔动人的画卷——谢安，你又何必有愧。

相比之下，还是简文帝比较了解谢安。

谢公在东山畜妓。简文曰："安石必出，既与人同乐，亦不得不与人同忧。"（《识鉴第七·与人同忧》）

审时度势，进退有节。既善享受，又能尽己所能地服务社会，成就一代伟业——人生至此，夫复何求！

谢安当然不是"先天下之忧而忧，后天下之乐而乐"的圣人，但是比起那些贪婪鄙佞、一味损人利己的硕鼠蛀虫来，又不知道要高尚到哪里去了。

6. 老人国里的好孩子
——《世说新语》札记之二

近读《世说新语》，若干"模范儿童"的故事引起了我的注意。我发现他们有一个共同的特点，那就是人小心重、少年老成。

范宣年八岁，后园挑菜，误伤指，大啼。人问："痛邪？"曰："非为痛，身体发肤，不敢毁伤，是以啼耳。"（《德行第一·范宣受绢》）

十指连心，怎能不痛？但范宣"大啼"却是因为自己的"不孝"——一时不慎，竟让受之父母的身体发肤遭到了损伤！这还是一个八岁的孩子吗？这个典型的"有德少年"，终因"洁行廉约"而名播四海。其实，最迟从八岁开始，他就已经失去了自己，没有了童年。

孔文举有二子，大者六岁，小者五岁。昼日父眠，小者床头盗酒饮之。大儿谓曰："何以不拜？"答曰："偷，那得行礼？"（《言语第二·小儿偷酒》）

"孔融让梨"是中国式的美德佳话。在那个故事里，孔融全然失去了儿童天性。他的儿子则青出于蓝而胜于蓝：连偷酒喝都忘不了"礼"。在这里，我们看到童心裹着礼教的茧子；假以时日，我们将看到这茧子是如何变成金属模具的。

孔融被收，中外惶怖。时融儿大者九岁，小者八岁。二儿故琢钉戏，了无遽容。融谓使者曰："冀罪止于身，二儿可得全不？"儿徐进

曰："大人岂见覆巢之下，复有完卵乎？"（《言语第二·覆巢之下》）

早就知道"覆巢无完卵"的出处。然而，当我再度读到它时，作为母亲和教师的心仍然感受到了巨大的震撼和悲哀："大人岂见覆巢之下，复有完卵乎？"轻轻一语，道尽人情冷暖社会残酷。相比之下，孩子的父亲反而显得幼稚。这正是传统中国教育所期待的成果——小小年纪，便有了一颗饱经沧桑的心。

孔融肯定会因为殃及小儿而伤心，但是他是否会为孩子夭亡的童心而内疚？不会的，不仅是他，而且包括从刘义庆到《世说新语》世代的读者，大家都着意于欣赏孩子的深沉和懂事——这真是一个扼杀童心、催人老去的国度。

钟毓、钟会少有令誉。年十三，魏文帝闻之，语其父钟繇曰："可令二子来。"于是敕见。毓面有汗，帝问："卿面何以汗？"对曰："战战惶惶，汗出如浆。"复问会："卿何以不汗？"对曰："战战栗栗，汗不敢出。"（《言语第二·汗不敢出》）

孙盛为庾公记室参军，从猎，将其二儿俱行。庾公不知，忽于猎场见齐庄，时年七八岁。庾谓曰："君亦复来邪？"应声答曰："所谓'无小无大，从公于迈。'"（《言语第二·猎场应对》）

德也好，礼也罢，将圣人之教钻透，无非就是为了沽名钓誉或在帝王脚下讨一杯残羹。而要达到后一个目的，溜须拍马的功夫是少不了的——上文对答堪称典范：既挠在了痒处，又儒雅得不露声色。如此高档奉承的享受者，要想把持住自己而不飘飘欲仙，简直很困难！面对几位少年俊杰，同道的成人也当深愧不如。

一个问题：这是否有违圣人之教呢？读读《论语·乡党》你就知道啦。

> 晋明帝数岁，坐元帝膝上。有人从长安来……因问明帝："汝意谓长安何如日远？"答曰："日远。不闻人从日边来，居然可知。"元帝异之。明日，集群臣宴会，告以此意，更重问之。乃答曰："日近。"元帝失色曰："尔何故异昨日之言邪？"答曰："举目见日，不见长安。"《夙惠第十二·不见长安》

直到今天，人们津津乐道的仍然是小皇子的机智和能言，而对"长安何如日远"这个问题的本身，千年以来却少有人去认真思考。为什么？答案很简单：比起嚼烂儒教就足以沽名取惠而言，研究这样的问题太苦太累太傻了，简直是对自己的虐待。

魏晋之人尚清谈，长于无聊的巧舌之辩。"不见长安"所记载的，正是这种变态的小聪明——不复是发展思维、推动认知的工具，语言成了巫术般令人迷醉的游戏。它一旦与礼教合围，求索的火花必遭窒息，而企图冲出"鬼打墙"的勇气也许早晚会被扼杀——一个民族的大脑和筋骨就是这样萎缩软化了的。

> 诸不在六艺之科，孔子之术者，皆绝其道，勿使并进。（董仲舒《天人三策》）

从汉武帝接受董仲舒建议"罢黜百家，独尊儒术"到魏晋，已经过去三百多年，从表面上看，当时儒玄佛道倒腾得很热闹，但是儒家的主流地位已经毫不含糊地显现出来。从那时到清末又是一千六百多年，定于一尊的文明怎能不变得烂熟、封闭、有毒？

越来越厚，越来越重，铁屋一样让人透不过气的，是暮气妖气腐尸气——这是一个典型的老人国，老人国里的好孩子就该是深沉早熟的小大人。

呜呼，我中国其果老大乎？立乎今日以指畴昔，唐虞三代，若何之至治，秦皇汉武，若何之雄杰，汉唐来之文学，若何之隆盛，康乾间之武功，若何之煊赫。历史家所铺叙，词章家所讴歌，何一非我国民少年时代、良辰美景赏心乐事之陈迹哉！而今颓然老矣！（梁启超《少年中国说》）

其实，"老大帝国"之衰老，早就是命中注定的了。

7. 游云惊龙王羲之
——《世说新语》札记之三

在中国，但凡识文断字者，没有不知道王羲之的。

王羲之，东晋书法家。字逸少，琅琊临沂（今属山东）人。出身贵族，官至右军将军，会稽内史，人称王右军。因与王述不和辞官，定居会稽山阴。工书法，早年从卫夫人学，后改变初学，草书学张芝，正书学钟繇，并博采众长，精研体势，推陈出新，一变汉、魏以来质朴的书风，成为妍美流便的新体。其书备精诸体，尤擅正行，字势雄强多变化，为历代学书者所崇尚，影响极大。(《辞海》)

近读《世说新语》，此书专录魏晋贵族名流轶闻趣事，王羲之也在所记之列。和谢安、王导、周侯及桓温、殷浩诸人相比，关于王羲之的文字并不算多。但是由于先入为主的熟悉与亲切，这有限的若干条引起了我的注意。

王右军得人以《兰亭集序》方《金谷诗序》，又以己敌石崇，甚有欣色。(《企羡第十六·羲之欣然》)

意思是说：《兰亭集序》书成之后，时人以为堪与《金谷诗序》媲美，王羲之因此得与石崇比肩，对此，王羲之深感自豪。

整本《世说新语》，言及王羲之书法作品的只此一条。没有"入木三分"的传说，没有"洗砚池"的踪迹，更不见"王羲之与鹅"之类的趣闻。这里的情况，和《兰亭集序》及书作者在后世所受的推崇相比，可谓冷清之至——初以为不公，后终于释然，再后来我感到有意外之喜。因为这样的一本《世说新语》，让我看到了书法家之外的王羲之，一个走出光环的真实的人。

郗太傅在京口，遣门生与王丞相书，求女婿。丞相语郗信："君往东厢，任意选之。"门生归白郗曰："王家诸郎亦皆可嘉。闻来觅婿，咸自矜持；唯有一郎在东床上坦腹卧，如不闻。"郗公曰："此正好！"访之，乃是逸少，因嫁女与焉。（《雅量第六·东床袒腹》）

读此段，令人感叹的不仅是王羲之超凡脱俗的风度，还有当时人们对他的宽容欣赏。因此，我们可以说王羲之放任不羁，却不能说他孤傲愤世。东床袒腹不是刻意为之的作秀，而是他内在个性的自然流露。王羲之是幸运的：少有名门的庇护，长有权贵的赏识，环境宽松，生活优裕，物质和精神一样富足从容。如此美满人生不可能不在他的笔墨中有所表现——"一变汉、魏以来质朴的书风，成为妍美流便的新体"。这难道是偶然的吗？中国文化是幸运的，因为王羲之毕竟没有辜负时运给予他的厚遇。

谢万寿春败后，还，书与王右军曰："惭负宿顾。"右军推书曰："此禹、汤之戒！"（《轻诋第二十六·禹汤之戒》）

谢万是谢安的宠弟。溃逃之际，他竟然有心思寻找饰玉的马镫。就是这样的一个人，他那权倾一时的哥哥居然盛赞其"衾抱独有千载"！然而，谢万这封信的意思却是不错的：因为王羲之平时经常开导自己，谢万为自己有负教诲而深表惭愧。王羲之却丝毫不给面子——这是夏禹、商汤检讨的方式。就凭谢万，一个无德无能以至败军误国的家伙，你也配！反应如此激烈，投鼠不思忌器，这显然不合保身之道。

人生多变，恒久的顺利美满是不存在的。和所有的性情中人一样，王羲之也为他的率直所累，最终因为王述的排挤而辞官，并愤懑致死。但是，终其一生，他也没有改变自己的本色，没有委屈自己的个性。宦海中曾经沉浮，然而在精神领域里，他始终是舒展遒劲的。

王国维在《人间词话》的开篇写道："词以境界为最上。有境界则自成高格，自有名句。"应当说，这段至理名言道出了一切艺术与人的关系。时至今日，王羲之也是书法史上独步千古的第一人，这中间的奥秘，除了天赋和勤奋之外，与他的人格胸襟肯定有着不可分割的关系。

时人目王右军："飘如游云，矫若惊龙。"（《容止第十四·游云惊龙》）

在当时，世人就已经深深折服于王羲之的超拔和洒脱。到后来，"游云惊龙"只被用以形容他的书法，这不能不说是一种损失。

飘如游云，矫若惊龙。妍美流便而又雄强多变的，是王羲之的字，也是王羲之的人。

8. 永远的野草

  它单薄,只有六十二页;它便宜,价只两角。但是,对我而言,它却是一座瑰丽的雪山——伴随我从懵懂少年走到平淡的中年。阅读它、体味它、融入它的过程,简直就是一次曲折漫长的游历。我收获到的快乐是无与伦比的,也是没有止境的。因为直到今天,我还没有完全读懂它;或者说,每读一回,我都会有新的领悟——我希望这种状态继续下去,我喜欢这种生长着的情愫。作为一个读书人,我以为我是有福的了。

  而且,连这一本《野草》也变得特别:三十来张微微发黄的纸页上,勾画处处,写满了冲动的话语——也只有重读"这一本",我才觉得是在继续我的幸福之旅。

  初中时,因为学了《从百草园到三味书屋》,我就去买《朝花夕拾》。可是,在那个偏僻山区的小书店里,我只找到了《野草》。看了开头的两篇,就放下了,因为当时的我觉得——一点也不好玩。

  从那以后,是缘分使然,二十多年来我无法忘记它的存在。一次又一次地读它。努力尝试着,想要理解它、攀登它。那时候,没听说过开架售书,店员的耐心都很有限。和大多数书虫一样,我的购书有相当大的盲目性,兴冲冲买来之后,翻一翻就丢在一边、再不理会的情况很多。只有这本《野草》不同,仿佛冥冥中有一股力量在吸引我,召唤我,让我牵挂它,靠近它,探究它。从敬畏到亲近,从隔膜到交流,从云里雾中到若有所悟——越读越有味,越读越觉得有让人放不下的诱惑在。心被挠得痒痒的,那种感觉待要说时,却又觉得一讲就变味了,还是不说的好。

为了让自己变得"明白"起来，我又去读关于鲁迅、关于《野草》的研究文字。收获自然是有的，但同时又感到缺憾，因为他们讲的没有切中我的心思。破译诗歌的密码也好，解释形象的寓意也好，无外乎是听惯了的那一套：批判性、战斗性、深刻性、前瞻性等等，等等——我喜欢《野草》可不只是因为这些。

突然想到了《海燕》的遭遇：课堂上，老师的讲解是何等透彻，风暴象征什名，海燕象征什么，乌云象征什么，闪电象征什么，甚至于海鸥、企鹅象征着什么都做了周密明了的阐释——懂是懂了，可是，考试之后，有多少人还会再有兴致去读《海燕》以及高尔基？

于是，我为自己的"不明白"感到庆幸和释然：诗无达诂，荷戟独彷徨的自言自语也好，天生斗士的绝望叫嚣也好，我何必介意、何必趋同别人的意见呢？最重要的是——我喜欢。至于个中缘由，我可以在将来的生活和阅读中慢慢体味，也可以任其自然地朦胧下去，因为这缘由的本身就是不断深化不断更新着的——多么幸福，多么有趣。

一个夏季的晚上，天气难得的清凉。我打开音响，放上《二泉映月》，来到宽大厚实的木桌前，正襟危坐，调匀气息——宁静中，琴声在流淌。悲怆清越而又动人心弦的，是音乐，也是残酷但又美丽得让人不能割舍的人生——这是音乐家精神境界的写照，这又何尝不是《野草》最终的意境所在！一段低回的慢板之后，我应着坚韧饱满的旋律，送出激情浓缩的句子：

当我沉默着的时候，我觉得充实；我将开口，同时感到空虚。

过去的生命已经死亡。我对于这死亡有大欢喜，因为我借此知道它曾经存活。死亡的生命已经腐朽。我对于这腐朽有大欢喜，因为我借此知道他还非空虚。（《题辞》）

晚凉如水，爱恨集注的文字和着至柔至刚的音乐，濯洗我，激荡我，留下一生难忘的体验——那一刻，我超越了平凡的生活。

《题辞》之后是著名的《秋夜》，大多数的研究文字都在告诉我：秋夜象征着反动势力，枣树象征着不屈不挠的抗争者，而小粉红花则象征着对未来抱有幻想的幼稚者和软弱者——也许他们是对的，可是，我最喜欢的偏偏就是关于小粉红花的文字，这是细腻的温柔，这是精致的怜爱，不信你读读看：

我不知道那些花草真叫什么名字，人们叫他们什么名字。我记得有一种开过极细小的粉红花，现在还开着，但是更极细小了，她在冷的夜气中，瑟缩地做梦，梦见春的到来，梦见秋的到来，梦见瘦的诗人将眼泪擦在她最末的花瓣上，告诉她秋虽然来，冬虽然来，而此后接着还是春，胡蝶乱飞，蜜蜂都唱起春词来了。她于是一笑，虽然颜色冻得红惨惨地，仍然瑟缩着。

类似的妙笔，在《野草》里还有很多，比如：

江南的雪，可是滋润美艳之至了；那是还在隐约着的青春的消息，是极壮健的处子的皮肤。（《雪》）

根本不用特意去背，只一遍，就刻在了我的心里。这是我所读到的关于雪的最浪漫最柔美的句子——偏偏又是江南的雪！

当然，你可以指着"默默地铁似的直刺着奇怪而高的天空"的枣树和"如包藏火焰的大雾"的朔方的雪对我说："无论如何，在《野草》里，战斗性还是第一位的。"

是的，没错。而且我还知道：由于解脱了背景的束缚，相对于小说杂文而言，战斗在这里获得了更普遍更深刻和更恒久的意义：

有我所不乐意的在天堂里，我不愿去；有我所不乐意的在地狱里，我不愿去；有我所不乐意的在你们将来的黄金世界里，我不愿去。（《影的告别》）

鲁迅以为：光明和进步永远是相对的，有人类社会在，就有奴役和屠戮在，唯有黑暗和不公才是永恒的。"绝望之为虚妄，正与希望相同"（《希望》）。使他成了常人不能理解的狂人和斗士的，使他的大部分文字成了匕首和投枪的，是痛心疾首的彻悟，是寒到骨髓的绝望——更是无法割舍的浓烈的爱。由于战斗的残酷，越到后期，其柔软温存的一面就越加变得模糊，以至于人们往往看错看偏了鲁迅。

幸好有《野草》，否则，"狭隘好斗"和"偏执狂"的帽子，将万难掀翻。

幸好有《野草》，否则，我从哪里知道，世上还有这样一种诗歌：它是冻在冰里的死火，是烟篆幻化的夏云，是渴望被熔岩烧尽，大笑着歌唱着的——

永远的野草。

9. 不敢说师承

1997年夏，在一个干净的小书店，我看到《我的精神家园》，于是买来，开始了旷日持久的学习，此后，"王小波说过"成了我的口头禅。《地久天长》《沉默的大多数》《黄金时代》《白银时代》《青铜时代》《黑铁时代》《王小波画传》《不再沉默》《浪漫骑士》……只要是王小波写的和写王小波的，我都买来看，我都视为珍宝。

"我有王小波的全部著述，都是正版。"

不无自豪地，我这样宣布，接着解释："他死得早，对自己要求又极严，所以统共就那么几本。全部买来，也花不了多少钱。"

说实话——绝不"不避肉麻"地"装孙子"作假，我不仅用这样的方式说王小波，而且用这样的方式说一切事。也不管别人爱不爱听，能不能接受。只要我心定，只要我知道这是自己所能写出的诚实、素净的文字就行。至于别的，王小波说："就去他妈的啦。"

这是自尊，也是对读者的尊敬。一切作品都是写给一部分人看的，问题是你能赢得什么样的读者。

道理就这么简单，可是如果不是王小波做给我看了——恐怕活到老，我也不会真正懂得。

"我以为，怀念一个作家最好的方式，是静下心来读他的作品。"（杨长征《以王小波的方式怀念王小波》），六年来，我就是以这种方式怀念王小波。

一切从那年四月以后才读王小波的人，我憎恨你们。因为你们其实是奔着王小波的名去的，而这名的代价就是他的早逝。

读王小波的时间越久，我就越能理解网上这位朋友的感受。对那些在1997年之前就喜爱王小波的人们，我怀有真诚的崇敬和谢意，在王小波活着——也就是王小波常感孤独、常受攻击的时候，他们给了王小波宝贵的支持——替我，替所有后来深爱王小波的人。

我就是那位朋友所憎恨所鄙视的人啊。浅薄如我辈者，不是王小波的猝然离去，不是之后产生的轰动效应，哪有机会知道王小波。

是的，更多的人是因为王小波的死才去读王小波的。这一读，他们就再也无法背过身，闭上眼，回到糊涂的过去了。就像一声雷把昏睡的人炸醒。事实上，很多人就是从此知道了：什么是美好的文字，什么是严肃的写作，以及什么是思维的快乐——这是作为人的尊严，这也是作为中国人长期被剥夺的权利和被扼杀的本能。佛说：夺人性命，犹可恕也；夺人慧命，不可恕也。王小波以一己之死开启了许多人的慧命，所以，他的死是值得的。

大意就是如此，这也是一位网上朋友说的，我复述得不真切。可是，我宁可被骂作文抄公，也不敢把它归于自己的名下。因为我已经有了身为文人的廉耻心，这是王小波教给我的。

我终于有了勇气来谈谈我在文学上的师承。

王小波给了我阅读、思考和写作的快乐，读他的东西往往要笑破肚皮，可是《我的师承》却让我一再落泪。因为他对王道乾、查良铮、傅雷诸先生的感情正是我对他的感情。

文字是用来读，用来听，不是用来看的——要看不如去看小人书。不懂这一点，就只能写出充满噪声的文字垃圾。思想、语言、文字，是

一体的，假如念起来乱糟糟，意思也不会好——这是最简单的真理，但假如没有前辈来告诉我，我怎么会知道啊。(《我的师承》)

"啊"——这在王小波的笔下是绝无仅有的。不仅是"啊"，读过你就知道，他连感叹号都是几乎不用的。唯其罕有，才见珍贵。"啊"——这一声中，包含了多少沉痛、敬爱和惋惜。

没有这种韵律（现代汉语的韵律），就不会有文学。最重要的是：在中国，已经有了一种纯正完美的现代文学语言，剩下的事只是学习，这已经是很容易的事了。(《我的师承》)

我是有福的，因为我赶上了好时代，读到了王小波。对我而言，"剩下的事只是学习"——对我而言，这不容易。可是我愿意在这条路上一直走下去，因为这是一条通往智慧、通往美的道路。在这条路上，无数大师留下了星斗一般的作品，它们需要有人去读，有人去学习，有人去传播。能沐浴着他们的光辉，走在他们走过的路上，是我的幸福和荣耀。

因为王小波说过：

一个人只拥有此生此世是不够的，他还应该拥有诗意的世界。

10. 涅槃是有的
——我和《沙与沫》

> 我不介意被你指为"文抄公",因为事实正是如此——当三千多字的摘录完成,一些往事掠过眼前,一些感慨浮上心头。面对电脑,我欲罢不能,随意而动地删删敲敲、剪剪切切,于是有了这篇纯属意外的"札记"。其目的就是恳请你去读原著。如果已经读过,或者决定读了,你又何必看我这些粗糙幼稚的文字。
>
> ——题记

惊 鸿

1982年,我正读师范。由于地处偏远山区,也由于当时社会还不够开放,好书来源少得可怜。我是一匹"饿狼",一丝有关"猎物"的气息都逃不过我的鼻子。一旦嗅到,便节衣缩食,一天也等不及地买;挑灯夜战,整本整本地抄。有趣的是,回首曾经阅读者,偏偏那时留下的印象最为深刻,从《湘夫人》《长恨歌》到《简·爱》《德伯家的苔丝》,篇篇部部如同烙在心底一般,并对我之后的修炼产生久远影响——人在年轻的时候能够接触到好东西,真是福莫大焉,最好把它们比作春天播撒的种子——只要肯付出,总会结出美丽的果实。

一日,我觅得一本《读者文摘》,也就是后来更名为《读者》的杂志。那是我第一次接触它，真有眼前一亮的感觉！也就是在那一期里，我读到了《沙与沫》的片断——想一想，在那样一个相对单纯的年代里，一个满脑子幻想的中学生，对文学有着真诚的热爱，她无法不为这样的诗句而激动：

除了通过黑夜的道路，人们不能到达黎明。

当你背向着太阳的时候，你只看到自己的影子。

花根是鄙弃荣名的花朵。

只有在我以下的人，能嫉妒我或憎恨我。我从来没有被嫉妒或憎恨过，我不在任何人之上。只有在我以上的人，能称赞我或轻蔑我。我从来没有被称赞或被轻蔑过，我不在任何人之下。

在任何一块土地上挖掘你都会找到珍宝，不过你应该以农民的信心去挖掘。

和你一同笑过的人，你可能把他忘掉；但是和你一同哭过的人，你却永远不忘。

如获至宝地，我将它们一字不落地抄进我寒碜的笔记本，并不需要特别用心，就牢牢记住了，同时记住的还有一个听起来很中国的名字——纪伯伦。

通　读

毕业后回母校工作，我的生活圈子仍然狭窄封闭，唯有读书能使我获得浮出水面、畅快呼吸的感觉。每有朋友出差，少不了要开列书单，请求代为购买——我至为珍爱的《朦胧诗选》《圣经故事》《史铁生文集》《艾青诗选》……都是通过这种方式，从北京、上海、南京，甚至兰州聚齐到我的书架的。《沙与沫》是我自己从合肥买来的。

到了执卷通读的时候，笔记本已经换过几个。因为这是自己的书，所以我能够从容选择喜欢的内容做记录。漂亮的软面抄里抄录下的,是纪伯伦的"另一类"句子,也是读书人的另一种心境——几多沧桑,几许感慨。这便证明了:生活比读书更能教育人、改变人。

  当那些睡在绒被上面的人所做的梦,并不比睡在土地上的人的梦更美好的时候,我怎能对生命的公平失掉信心呢?

  天堂就在那边,在那扇门后,在隔壁的房间里;但是我把钥匙丢了。也许我只是把它放错了地方。

  我的生命内的声音达不到你的生命内的耳朵;但是为了避免寂寞,就让我们交谈吧。

  虽然语言的波浪永远在我们上面喧哗,但我们的深处却永远是沉默的。

  让我们捉迷藏吧。你如果藏在我的心里,就不难把你找到。但是如果你藏到你的壳里去,那么任何人也找你不到的。

仍然有许多内容被我"忽略",我以为它们不在"精华"之列。我不知道:它们在安静地等我,等我被生活教得可以读懂它们、领略它们时,再次照亮我的灵魂,叩响我的心弦。"先要心里有了,眼睛里才能看见。""不是所见决定了你的想法,而是你的想法决定了你将看见什么。"在这些很"唯心"的话里,蕴涵着多么深刻的人生体验。

还是纪伯伦说得到位:

假如银河不在我的意识里,我怎能看到它或了解它呢?

再 读

  1989年到1990年,我休产假整整一年。和别的母亲不同,人家得了空闲是打毛衣、闲聊、看电视,而我却是一本接一本地饱读——那时,学校已随工厂"整体搬迁"到省城合肥。出山了,"书荒"的问题不再紧迫,我的饥渴感也缓解了许多。但没有对味的"新鲜货"时,我宁愿好书重读。

于是,我常常一手抱孩子,一手托书,口中念念有词——读诗而不出声,无疑是一种浪费。

于是又有"新发现",我感动于作者男人情怀中温柔的一面;同时,由于母性使然,往往心随句动,觉得自己不经意间变得空前温存和有力,仿佛拥有包容万物的爱——这种感觉,是我从前不会有的。

在母亲心里沉默着的诗歌,在她孩子的唇上唱了出来。

如果自然听到我们所说的一切知足的话语,江河就不去寻找大海,冬天就不会变成春天。如果她听到我们所说的一切吝啬的话语,我们有多少人可以呼吸到空气呢?

一个女人抗议说:"那当然是一场正义的战争。我的儿子在这场战争中牺牲了。"

在很久的时候,你是你母亲睡眠里的一个梦,以后她醒来把你生了下来。

犹大的母亲对于儿子的爱,会比玛利亚对耶稣的爱少些吗?

这次我没做笔记,只在一些句子的下面划了杠杠——因为太忙,有一段时间,我连日记都中断了。当我把沾了水渍、油迹,且揉得起皱的《沙与沫》放回书架时,我以为自己读得够深,它对我的意义将仅止于纪念和备查。

布 谷

2005年9月,开学了。我和学生同时惊喜于语文教材之新——课文更贴近生活,更注重艺术性和人文性;《基础训练》改为《积累·运用》——没有习题,有的只是对联、谚语、美文之类的赏读材料。而教学,再也不需要那种鸡零狗碎的分析讲解,我可以尽情地带领学生读读议议了。

这正是我所期待的。从今以后,我可以大张旗鼓地耕耘播种了。

四年级上学期,我让学生背熟了《小学生必背古诗80首》;下学期,让学生背诵了几十首唐宋词。教学第一单元的《积累·运用》时,结合教材,我让学生记下了许多名联。他们肚子里的"古董"已经不少,该读读优美的现代作品了,最好是短小精悍的散文诗。

可是,适合的读本还真不好找呢。没有,咱就自己选,自己印——泰戈尔的深了些,《沙与沫》最好。

于是,有了这"寻章摘句"的最新一读。当然,为学生计,我只能选那些相对浅显的句子,如我20年前读到的:

如果你的心是一座火山的话,你怎能指望会从你的手里开出花朵来呢?

只有在你被追逐的时候,你才会跑。

也许大海给贝壳下的定义是珍珠,也许时间给煤炭下的定义是钻石。

执拗的人是一个极聋的演说家。

慷慨是超过自己能力的施与,自尊是少于自己需要的接受。

由于暑期刚刚重读《圣经故事》,基督教特有的悲悯和凝重感还未散尽,于是下列句子强烈打动了我——记忆是多么不可靠啊,记忆中,它们根本不存在。可是白纸黑字,它们就在这里,在这里静静地等我。等我进步到能够听见,能够承受,能够领悟时,呼唤我,覆压我,注入我,使我变得灵醒、坚实、充沛。

我们的兄弟耶稣还有三桩奇迹没有在经书上记载过:第一件是他

是和你我一样的人；第二件是他有幽默感；第三件是他知道他虽然被征服，而他却是一个征服者。

你也许听说过那座福山。它是我们世界上最高的山。一旦你登上顶峰，你就只有一个愿望，就是往下走入最深的峡谷里，和那里的人民一同生活。这就是那座山叫做福山的原因。

真正的好人，是那个和大家认为坏的人在一起的人。

被杀者的光荣就是他不是凶手。

假如我向人伸出空手而得不到东西，那当然是苦恼；但是假如我伸出一只满握的手，而发现没有人来接受，那才是绝望呢。

忽然间明白，当年我读到的是"那些"，而不是别的，这其中是有时代原因的。而且，直到今天，我才迷醉于这些"精神鸦片"，其中缘故也绝非偶然。渐行渐远，越来越深的，是一本小书的阅读体验，也是我 20 年来一个人独自走过的心路历程。

是的，世界上是有涅槃；它是在你把羊群带到碧绿的牧场的时候，在你哄你孩子睡觉的时候，在你写你的最后一行诗句的时候。

关于涅槃，我要说的是：

是的，世界上是有涅槃，它是在我沉浸于《沙与沫》这样的文字的时候，在我将一捧沙读成一片海的时候，在我把学生引向这片美丽风景的时候。

11. 关于一本书的对话

> 这是柯林·威尔森的《心理学的新道路——马斯洛和后弗洛伊德主义》。您千万,千万不要被它的名字吓住。
>
> ——题记

高峰体验…（薛瑞萍 VS 金戈）…

"耶！四道难题全被我搞定了。巨爽——我真他妈的是天才！"

"都是周垃圾（星驰）害的,不准说脏话！"

"我只在家里说说。"

"家里也不行。勿以恶小而为之。"

"happy！休息,休息休息。妈妈,陪我说点什么吧——什么都行。"

"心花怒放啊,儿子。这就是马斯洛所说的高峰体验。在这一刻,你是不是觉得自己在提升,觉得自己特别强壮,特别有力,很幸福,甚至——很美丽？"

"是喽,初二的时候,我是那么怕浮力。现在好啦,一览众山小的感觉真是太美！"

"天道酬勤。马斯洛认为高峰体验像彩虹,是可望不可求的天赐之福。柯林·威尔森则认为高峰体验是可以复制的，因为从本质看，高峰体验就是能量的溢出。在我们的潜意识中，有一种'过剩能量储藏箱'，存放着备用的能量，就好像存放在个人账户中的钱一样，在我们需要时派上用场。容易产生高峰体验的人，能量储备充足；容易厌倦或自以为不幸福的人正好相反，只有很少的贮量可以调动。那么，提问！怎样才能够聚集我们的能量呢？"

"回答！这就需要我们拒绝灰心、懒惰和抑郁，使精神总是处于机敏的、上进的状态。就像——本大帅哥这样（顾盼自雄状）。"

"哇，酷毙啦——从人本主义心理学的角度来看，没有高峰体验的人不仅是不幸福的，而且是不健康的。对此，他们自己要负很大的责任，因为这些人不是有习惯性的懒惰，就是有习惯性的灰心丧气。最经常获得高峰体验的人，恰恰是那些迎难而上的人。"

"明白！灵感不拜访懒汉——的啦；成功偏爱有准备的人——的啦；不经历风雨怎么见彩虹——的啦；还有就是，天道酬勤——的啦。"

压力是必需的…（薛瑞萍 VS 金戈）…

"妈妈，你是怎么到这个学校来的？"

"分配的。"

"不用自己联系，自己求职？"

"不用。"

"这倒省事。可是，要是你不喜欢这里怎么办？"

"哪里敢说喜欢不喜欢呐——这可是关系到政治觉悟的大事！我是党的一块砖，哪里需要哪里搬！而且那时候，调动比找工作还难。比如王老师和徐工，一个在合肥，一个在西安，分居三十年，生生等到退休才团聚。哪像现在，跳槽成家常便饭了。"

"还是双向选择的好！"

"现在是觉得顺理成章了。可当初，听说大学生不包分配了，我们都不相信自己的耳朵——毕业等于失业呀，这不是回到了万恶的旧社会吗？"

"政治老师说，这是社会转型带来的必然变化。"

"嗯。生活紧张，节奏加快；竞争激烈，优胜劣汰！有人哭来有人笑，几家欢喜几家愁。"

"这是好事呢，还是坏事？"

"从国家的发展来看，是好事。从马斯洛的人本主义心理学角度来看，也是好事。因为压力低，工作效率相应也低；压力过小，生命的能量就浪费了。人是充满惰性的动物，如果环境过于松弛，很多人都会在'做一天和尚撞一天钟'的状态中虚度一生。"

"我们老师常说：同样聪明的两个人，三年中专和三年高中下来，所学东西相差大到不能比。"

"最沉重的负担压得我们崩塌了，沉没了，将我们钉在大地上。可是在每一个时代的爱情诗篇里，女人总渴望被压在男人的身躯之下。也许最沉重的负担同时也是一种生活最为充实的象征：负担越沉，我们的生活就越贴近大地，越趋近真切和实在。相反，完全没有负担，人变得比大气还轻，会高高地飞起，离别大地，也即离别真实的生活。他将变得似真非真，运动自由而毫无意义——这是谁说的？"

"生命中不能承受之轻啊！——米兰·昆德拉。"

客观意义…（薛瑞萍 VS 金戈）…

"妈妈，作为教师，你怎么看尹建庭？"

"你们老师怎么说？"

"抱不平。说他太傻、太诚实。"

"搁从前，我可能只是觉得不大对劲，却说不出道道来。可是现在，读过这本书,我有话可说了。"

"哦?小子洗耳恭听。"

"还记得荣格吗?弗洛伊德的高足,他研究发现:人类渴望一种非个人的、客观的意义,就像口渴的人渴望一池清泉。艺术与文化并不是像他老师弗洛伊德所说那样,是力必多,也就是性欲寻求满足的副产品,而是人类寻求非个人境界的物质见证。明白了这一点,我们才有可能理解哥白尼、布鲁诺、凡·高、德沃夏克,以及寂寞创作,视发表为拍卖灵魂的狄金森。"

"跳着舞过暗淡的日子,使她飞翔的是一本书!"

"对,还有:'没有一艘船,能像一本书;也没有一匹马,能像一首跳动着的诗行那样,把人带往远方'——这是一种超越功利的大爱,纯粹、圣洁,它使足不出户的主妇成为最伟大的诗人,在世界文学的殿堂里与惠特曼比肩而立。"

"可是,用我们实用的眼光看,他们是多么愚蠢和不可理喻啊——付出一生,收获的却只有孤独和苦难。我从不以为事实果真如此,我坚信他们必定拥有我们俗人不配享受的幸福。它是那样完满、甜美、真实,和它相比,犬马声色就好比尘埃。"

"王小波说过:一个人只拥有此生此世是不够的,他还应该拥有诗意的世界。尹建庭宣讲读书是为了挣大钱、娶美女的时候,他的学生就有抗议的。"

"幸好我们有这样的学生,幸好我们有弘一、顾准、陈景润这样的人。否则,中国真的要堕落成为郁达夫所哀叹的万劫不复的奴隶之邦了。事实上,中国的土壤也确实不适合产生伽利略、司汤达级别的大师——学以致用嘛,谁会傻到冒着被烧死的危险去苦苦研究?谁会傻到呕心沥血写出书来给一百年以后的人看?社会向教育要求立竿见影的实效,个人自然是预见了回报才肯付出。所以呀,在西方人看来,中国是最憎恨读书的民族,因为很少有人勤奋读书是出于内在的需要——经史子集也好，数理化生也好，都不过是钓饵，颜如玉、黄金屋才是目的呢。爱因斯坦说，在科学的殿堂里，最崇高的位置是为那些对科学怀着宗教热情的人们准备着的，怀有造福人类的美德或是满足兴趣的欲望者，都不足和他们相比。在西方智者的眼里，客观意义至高无上。所以啊，我们落后的，岂止是科学和民主！"

"也别太悲观了，至少你儿子读书不是为了挣大钱、娶美女。"

"了解。第一，优异的成绩使你小小年纪就赢得了周围人的尊重，你喜欢这种感觉，你愿意为复制这种感觉而努力。儿子，这就够不简单啦——在马斯洛的五层次理论中，这居第四层。"

"生理、安全、爱、尊重和自我实现——我没记错吧。"

"超棒！第二，获取知识的本身使你感到快乐。儿子，这就是不计成败利钝地追求知识、追求客观意义，这就是生而为人的最高境界啊——妈妈为你高兴，为你自豪。"

交流之道…（薛瑞萍 VS 同事）…

"生命的能量像一条河。人并非天生是呆滞的，人的精神力量就像血液一样需要流动。人的存在必须被理解成像河流一样，是能动的、向前漂流的。一切心理疾病都是阻碍河流流动的恶果。"

"嗬，又在苦读了。"

"错！是享受。一流的文字不是给人看的，而是给人读的。文理俱佳的好东西可遇不可求，一旦幸遇，当然要烂熟于心。"

"什么书这么好？心理学……马斯洛……弗洛伊德主义。天！"

"别怕，你千万不要被它的名字吓住——我是去年五月间读到它的，那时儿子正在准备中考，有好几个星期，我们老说它。"

"难怪呢，老师都说，金戈的思想特别活跃、特别开阔，这和你的影响是分不开的。"

"读书读出了快乐，自然渴望与人分享。表面上看，是我在影响他；实际上，是他在满足我的诉说需要呢。在我们家，多深刻多敏感的问题都可以拿来讨论。坦诚、自然，同时也很严肃。这使金戈强烈感受到母亲对他人格和心智的尊重。这种被尊重的感觉，才是最宝贵的。用马斯洛的话说，这是幸福人生的维生素——特地去做什么励志，什么引导，多累人。"

"这样的交流，其实就是难得的熏陶。在我们这一片，你和孩子的沟通是最好的。"

"那当然！不是吹，我们金戈就爱听我说话，这是有原因的：健康的精神需要某种'新鲜'与'另一性'的感觉，就像健康的肺需要新鲜的空气一样。人天生就需要与外部环境进行健康的互相作用，一个人的智慧力量越强，他与外界互相作用的需要也就越大。这可不是我说的，书里写着呢。一日不读书，语言无味，面目可憎——就那么一套车轱辘话，天天来回地说，念经一样。学生也好，孩子也好，不烦才怪！"

12. 狄金森啊狄金森

一

要表达阅读狄金森的感受是困难的。

根据以往经验，根据这次刺激的程度——我知道，无论我说什么，说多少，费尽心力敲出的文字都离我的"心"很远，都会令我抱憾不已——可是，恰如风来时，水无力不波，既然已经激动了，感奋了，幸福了，沉醉了，要灭掉表达的念头就不可能了。

原来，对我们这些人而言，阅读所带来的巨大幸福的背面，是倾诉的欲望，是感恩的冲动——所读作品越伟大，所受冲击越强烈，表达的困难也就越大，因为我知道洗礼我、灼烧我、穿透我、电击我的是什么样的文字，辱没了原作，那是不能饶恕的罪过。

欲诉无力，欲罢不能，比痛更甚的，我称之为难忍之痒——奇痒。理解了这一点，你就能理解，我何以对投稿不太在意。云一样飘忽，虹一样绚丽，当这样的感觉终于演绎成明晰的文字，久苦郁积的人，焉有他求？只是将感慨表达于万一，人已筋疲力尽，还有什么心劲去管其他的事？

这是公平的，一流的大师为写成一流的作品，耗尽了人力天赋；享受这样伟大作品的人，就该按能力的比例分享其中的痛。没有经历过分娩之痛的母亲是不完整的。唯有煎熬于痛，煎熬于痒，将感觉付诸文字了，我与一部好书、一位大师的情缘才算告一段落，我才有可能平心静气地继续读。

直到——直到缘分让我再度与神品相遇，直到再度感觉被闪电击中，被大火燃烧，被冻雨浇彻，被利斧劈开，再度陷入表达的艰难痛苦。而分娩之后的轻松与幸福，就孕育在这艰难痛苦之中。使我辗转煎熬、无怨无悔，命中注定与之血融肉连的好书啊，对你们，我有多少期盼，就有多少畏惧。

周而复始，潮涨潮落，就这样，一部部读来，一篇篇写下。于是，在锅碗瓢盆的"生活"之外，有了一个独属于我的美丽世界，那里花开草长，那里云蒸霞蔚。在无人知晓的时刻里，在红尘扰攘的背景下，我用柔软的心开掘，我用温润的血浇灌，我用无力的叹息吹拂，我用虔诚的敬爱呵护——因为它的存在，我很少感到空虚，来自世俗的，不可预料、不可抗拒的打击变得虚空和遥远。

"对象谈崩了算什么？一夜下来，多挣些分，就又高兴了！"有一次，说到网虫的虚拟与现实，朋友这样说。当时我深不以为然，现在想起来，我和他其实是一类的，不过他依托的是游戏，而我依托的是书——都是"瘾君子"，都不是"正常人"。而且，我是不想回头了。

可是，这一次的难度是空前的。

二

我有这样的习惯：每读完一部诗集，就要从头到尾浏览一遍，将认为最好的标记了，留待以后反复诵读——养眼养心。而我的同事呢，则爱偷懒，拿到之后，只读我所勾画者。

铅笔一路圈过，几十篇下来，竟然无一漏者。于是，我抚卷长叹："都是精金美玉啊，无一篇不是最好的！"

天堂，为我难以企及

天堂，为我难以企及！
苹果，挂在树上——
只要高不可即——
对于我，就是天堂！

游动浮云上的色彩——
山后，禁止涉足的围场——
和那后面的房舍——
就是乐园，所在的地方！

美，不经造作，它自生

美，不经造作，它自生——
刻意追求，便消失——
听任自然，它留存——
当清风吹过草地——

风的手指把草地抚弄——
要追赶上绿色波纹——
上帝会设法制止——
使你，永不能完成——

薄薄一本，汇编的是译者江枫从一千七百七十五首诗中遴选出来的两百多首诗。现在，当我试图选录几首时，感到难以割舍的疼痛和犹豫。可是，我究竟不能做文抄公啊。所以，看到这里，如果您已经决定读狄金森了，朋友，请丢开我，立刻去读《狄金森名诗精选》。

好多次，我满怀激动，向朋友推荐，语无伦次说了一通的结果却总是："哎呀，我说不好，还是读给你听吧——除非你是猪，否则不可能不喜欢!"

朋友瞠目结舌了!将信将疑,负气听来。于是一来二去,她们也记住了些,并在兴致高的时候脱口而出:

我的信念大于山——
所以,山崩了——
定会接过紫红轮盘
为太阳,引道——
(《我的信念大于山》)

太阳出来了
它改变了世界的面貌——
车辆来去匆匆,像报信的使者
昨天已经古老!
(《太阳出来了》)

没有一艘船能像一本书
也没有一匹骏马能像
一页跳动的诗行那样——
把人带往远方。
(《没有一艘船能像一本书》)

等待一小时,太久——
如果爱,恰巧在那以后——
等待一万年,太长——
如果,终于有爱作为报偿——
(《等待一小时,太久》)

三

如您所见，狄金森的诗"题"都是开头第一句——这是后人加上去的。狄金森去世之后，人们搜集得到的，是一些没有标题的小诗和不完整的片断，推敲和涂改的痕迹还在。

就是这样一批手稿，这样一批半成品，使狄金森在人类精神的殿堂里拥有了如此崇高的地位：和惠特曼一样，她的作品被公认为标志着美国诗歌新纪元的里程碑；和莎士比亚一起，她被誉为驾驭英语能力最高的人；和萨福一道，她被尊为西方有史以来最杰出的女诗人。

可是，对狄金森来说，这一切都是虚名，都是没有意义的——有生之年，她只发表过11首诗，所以她说：

发表，是拍卖
人的心灵
……
切不可使人的精神
蒙受价格的羞辱。

做个，显要人物，好不无聊！
像个青蛙，向仰慕的泥沼——
在整个六月，把个人的姓名
聒噪——何等招摇！

个性鲜明，风格独特，"好像在此之前，不曾有人写过诗"——这一切，使得狄金森的诗与当时流行的维多利亚时代英诗的趣味大相径庭。一位以提携文学青年而著名的编辑建议狄金森"推迟发表"，狄金森欣然从命，竟将发表推迟到了身后。现在我们读到的，是在她去世后的30年内，由亲友整理、结集，陆续出版的作品。

狄金森足不出户，终老独身，人称"艾默斯特修女"。作为一个典型的家庭主妇，所有的白天，她都忙于家务：烤面包、做布丁、编织、扫除、伺候父亲、照顾缠绵病榻的母亲……唯有夜晚，她才得以进入诗的世界，潜心构思，字斟句酌。

狄金森是不相信上帝的。可是，从她的创作背景和创作成就来看，她的心中必有一位至高无上的"缪斯"在——否则，便无法解释她何以能够战胜诱惑、超越世俗，在常人无法忍受的枯寂封闭状态下，写出如此甜美、隽永的诗。它们凝练精粹，光彩夺目，仿佛荷叶上圆润的露珠。

所以，对狄金森而言，一切所谓勤勉刻苦、自强不息之赞都是不相干的。我相信：当一天的劳顿结束，当夜晚来临，在灯下，铺开纸，拿起笔——伴随她、鼓励她、诱惑她、围绕她的，必定有我们俗人不能想象的幸福。因为这幸福，暗淡的生活成为遥远的背景，诗人的目光穿透尘世，看见了神的所在。那是她的天国，而创作，是她接近天国的方式——和那永恒真实的幸福相比，世俗的名利只怕连蛛丝都算不上呢。

捆住我，我还能唱——
夺去，我的曼陀林——
我会在内心弹奏——

杀了我，灵魂会飞起来
向着天国讴歌——
依旧属于你。

你听，这样的歌声，和孤独、痛苦、意志、奋斗有什么相干？只有幸福，只有狂喜——超越死亡，高高飞翔于生活的禁锢之上。

这也是我喜爱她的原因：她使我知道，只要我愿意，生活的局限是可以被忽略的；在一个更为广阔和恒久的世界里，人可以走得很远。

<h2 style="text-align:center">四</h2>

我知道，任何文字都是写给一部分人看的。为了表示对读者的尊重，在引用的时候，我有意避开那些脍炙人口的绝唱。例如《暴风雨夜，暴风雨夜》《我啜饮过生活的芳醇》《我为美而死，对坟墓》《如果你在秋季来到》《因为我不能停止等候死神》《要造就一片草原》《"为什么我爱"你，先生？》……割爱的疼痛再度袭来，我必须停止——否则，"名单"将开列得很长。

我最初知道艾米丽·狄金森，是在十几年前，在《名作欣赏》上。从那以后，我就不能忘怀，因为我知道：我读到的，是人世间至为纯粹的诗歌。

如果我读一本书，而这本书能够使我浑身发冷，什么火也无法使我暖和，我知道那是诗。如果我切实感觉到我的天灵盖好像被揭开了，我知道那是诗。我认识诗的方式仅限于此。难道还有别的方式吗？

这是狄金森对诗的感觉，这也是我读狄金森诗的感觉——可是，如果不是由她明白地说出，我又怎能如此确切地知道了自己的感觉。

"跳着舞过暗淡的日子，使她飞翔的是一本书。"

整整一个学期，我有莫名的幸福和满足。只是因为：经历了十多年的期待，我终于读到"整本"的狄金森。

"生活使我心醉神迷，仅仅意识到活着就足以令人欣喜。"

和她相比，我所经历的挫折算什么——是的，生活使我心醉神迷，因为生活中有狄金森的诗。

放假了，儿子翻阅新发的高二《语文》课本。突然，他大呼起来："妈妈，快来瞧啊……"

崭新的课本举到眼前，我看见——和海子、普希金、华兹华斯、裴多菲在一起的，是狄金森的名字，是《篱笆那边》。

我高兴地跳了起来。

我为儿子感到庆幸。

13. 不能不说《我与地坛》

我读中学时，正值20世纪80年代初期，那是中国短篇小说的黄金时代，也是文学青年的幸福时光。因为《我的遥远的清平湾》，我记住了一个名字：史铁生。

20世纪90年代，中国散文开启了又一段璀璨年华。我幸运地读到了《我与地坛》——批评家称之为中国当代散文创作走向成熟的里程碑；我喜欢的另一位小说家——《秋天的愤怒》的作者张炜更有惊人之语："单凭《我与地坛》，1990年就可以称为中国散文的丰收年。"因此，也有人称那一年为中国文坛的"史铁生年"。因为"这一篇"，我托人从北京买来三卷本的《史铁生文集》。

开学了，新教材到手，看到《秋天的怀念》，我感觉有故友相逢的欣喜。标志"略读"的星号丝毫不能影响我的激情，而且，恰恰因为是"略读"，我正可以放开手脚，将学生引进"地坛"，使他们借着课文的这一片"秋叶"，窥见"园子"的朴茂与繁盛。

读出语感是开讲的前提。朗读、提问之后，教学照例进入第三阶段："请读出你最为喜爱、最受感动的片段。"——初读时，学生已经用"？"和"！"分别标出他们的疑点和感动处。

于是，有好几个学生不约而同地读道：

又是秋天，妹妹推我去北海看了菊花。黄色的花淡雅、白色的花高洁、紫红色的花热烈而深沉，泼泼洒洒，秋风中正开得烂漫。我懂得母亲没有说完的话。妹妹也懂。我俩在一块儿，要好好儿活……

男生读，女生也读，音色有不同，语调皆感人。教室里鸦雀无声，眼圈发红的不光有学生，还有后排听课的老师。

火候到了。

我用酝酿好的调子，低沉而缓慢地说：

"老师也很喜欢这一段。秋色之美加深了作者痛失母爱的悲伤，而母亲不堪劳苦地匆匆离去，也终于使作者明白：无论如何，都要勇敢地直面人生的磨难，不仅要活着，而且要活得精彩，活出味道。"

"讲到这里，老师不能不说到史铁生的另一佳作。对于母亲的追思和忏悔，正是那篇文章的主题之一。"接着，我背诵如下两段——我相信，曾让我泪不自禁的文字，也一定能打动学生。

那是好几年长的一段日子，我想我一定使母亲作过了最坏的准备了，但她从来没有对我说过："你为我想想。"事实上我也真的没为她想过。那时她的儿子还太年轻，还来不及为母亲想，他被命运击昏了头，一心以为自己是世上最不幸的一个，不知道儿子的不幸在母亲那儿总是要加倍的。她有一个长到二十岁上忽然截瘫了的儿子，这是她唯一的儿子；她情愿截瘫的是自己而不是儿子，可这事无法代替；她想，只要儿子能活下去，哪怕自己去死呢也行，可她又确信一个人不能仅仅是活着，儿子得有一条路走向自己的幸福，而这条路呢，没有谁能保证她的儿子终于能找到——这样一个母亲，注定是活得最苦的母亲。

摇着轮椅在园中慢慢走，又是雾罩的清晨，又是骄阳高悬的白昼，我只想着一件事：母亲已经不在了。在老柏树旁停下，在草地上在颓墙边停下，又是处处虫鸣的午后，又是鸟儿归巢的傍晚，我心里只默念着一句话：可是母亲已经不在了。把椅背放倒，躺下，似睡非睡挨到日没，坐起来，心神恍惚，呆呆地直坐到古祭坛上落满黑暗然后再渐渐浮起月光，心里才有点明白，母亲不能再来这园中找我了。

似有克制不住的啜泣声，泪光盈盈的不光有学生，还有后排听课的老师。怕自己控制不住情绪，令学生在悲切中陷得太深，我戛然而止，转过身，在黑板上写下四个字：我与地坛。

"这是老师读过的最好的散文之一，希望你们在课后找来读。会用电脑的同学，可以上网，键入'史铁生'，就能读到《我与地坛》和《秋天的怀念》。"

当然，"怀念"只是《我与地坛》的主题之一。作为"复调"的艺术杰作，那里还有关于生与死、幸与不幸的哲学思考。学生读了，也许懂，也许不懂——但那又有什么关系呢？阅读是一生的事情，对好东西的接受和理解也是一生的事情。童年是播种的季节，是漫游的年龄，唯有不求甚解，唯有服从兴趣与爱好，他们才愿意走进书的沃野；才可能心甘情愿迷失在这草木竞生、气象万千的"园子"里；"美丽"才可能作为种子，于不经意间，播撒心田。如果当年有人要求我一切皆作"深思精读"，我早就视文学若寇雠，目读书为苦役了。

十年前，初读《我与地坛》，我的学生正读六年级，我把它推荐给正上高中的"前一届"；而今，我建议学生"现在"就读。这说明：被时代裹挟着，我个人的语文教学理念在进步。同时也因为，一样在小学，"如今"的学生已经和从前大不相同：他们中的优秀者已经读过《安妮日记》《飘》《茶花女》《钢铁是怎样炼成的》……

就在前一节课，在刚刚收来的周记上，我读到周楠同学一篇很不错的读后感——所谈竟是列夫·托尔斯泰的《复活》。当你的学生，刚上五年级的男孩以幼稚而真诚的文字探讨是否应当"以暴抗恶"的时候，做教师的我，除了肃然起敬，除了充满自豪，还能怎样？

随着敬意和自豪而来的，还有压力和紧迫感。想当初，是我费尽心机把他们引上读书之路；现在，面对他们，我却不敢有丝毫懈怠——曾经被我推动的，如今正强有力地推动着我。

质疑是我们的习惯。初读之时，陈寒雪同学就说："老师，你听听，这段话读着好像不对劲：'望着望着天上北归的雁阵，我会突然把面前的玻璃砸碎；听着收音机里甜美的歌声，我会猛地把手边的东西摔向四周的墙壁。'前面是'望着望着'后面应该是'听着听着'才对呀！"

表扬之后，我告诉大家："发表于 1981 年的原文是这样的：'望着望着天上北归的雁阵，我会突然把面前的玻璃砸碎；听着听着李谷一甜美的歌声，我会猛地把手边的东西摔向四周的墙壁。——这说明，作者自己是注意到行文的节奏和句式的整齐了，可能是在将文章选入课本时，教材的编写者大意了。我们可以划去一个'望着'也可以加上一个'听着'，为朗读方便起见，我们去掉一个'望着'吧。"

还有插图。过些日子，读过《我与地坛》，他们肯定会发现课本又有一处"不对头"。因为在《我与地坛》里，史铁生明明白白地写道：

她匆匆离我去时才只有四十九岁呀！

我也看见过几回她四处张望的情景，她视力不好，端着眼镜像在寻找海上的一条船。

显然，插图中的母亲过于老相了，而且也缺了一副眼镜——我为教材编者遗憾，同时不无得意地等着学生前来"挑刺儿"。到时候，我自有一番话要说。

图书在版编目（CIP）数据

给我一个班，我就心满意足了/薛瑞萍著. — 修订本. — 北京：中国人民大学出版社，2017.4
ISBN 978-7-300-24378-8

Ⅰ.①给… Ⅱ.①薛… Ⅲ.①随笔—作品集—中国—当代 Ⅳ.① I267.1

中国版本图书馆 CIP 数据核字（2017）第 109714 号

给我一个班，我就心满意足了（修订版）

薛瑞萍　著

Gei Wo Yi Ge Ban, Wo Jiu Xinmanyizu Le (Xiuding Ban)

出版发行	中国人民大学出版社				
社　　址	北京中关村大街31号		邮政编码	100080	
电　　话	010-62511242（总编室）		010-62511770（质管部）		
	010-82501766（邮购部）		010-62514148（门市部）		
	010-62515195（发行公司）		010-62515275（盗版举报）		
网　　址	http://www.crup.com.cn				
经　　销	新华书店				
印　　刷	北京华宇信诺印刷有限公司				
规　　格	168 mm×239 mm　16开本		版　次	2017年8月第1版	
印　　张	14.5　插页1		印　次	2021年8月第5次印刷	
字　　数	190 千		定　价	39.80 元	

版权所有　侵权必究　印装差错　负责调换